谈 离婚 单亲与再婚

柳暗花明
走过 婚姻风暴

Weathering the Storms: Divorce, Single Parenthood and Remarriage

何张沛然 著

四川大学出版社

特约编辑：夏　宇
责任编辑：黄新路
责任校对：唐一丹
封面设计：邓　涛
责任印制：王　炜

图书在版编目(CIP)数据

柳暗花明：走过婚姻风暴 / 何张沛然著. —成都：
四川大学出版社，2014.8
　(婚姻家庭系列)
　ISBN 978-7-5614-7966-7

Ⅰ.①柳…　Ⅱ.①何…　Ⅲ.①婚姻-通俗读物
Ⅳ.①C913.13-49

中国版本图书馆 CIP 数据核字（2014）第 187670 号

简体中文版权授权深圳市爱及特文化发展有限公司

四川省版权局著作权合同登记图进字 21-2014-156 号

书名　**柳暗花明——走过婚姻风暴**
　　　Liu'an Huaming—Zouguo Hunyin Fengbao

著　　者　何张沛然
出　　版　四川大学出版社
地　　址　成都市一环路南一段 24 号（610065）
发　　行　四川大学出版社
书　　号　ISBN 978-7-5614-7966-7
印　　刷　深圳市希望印务有限公司
成品尺寸　170 mm×230 mm
印　　张　12
字　　数　144 千字
版　　次　2014 年 9 月第 1 版
印　　次　2014 年 9 月第 1 次印刷
定　　价　32.00 元

◆ 读者邮购本书，请与本社发行科联系。
　电话:(028)85408408/(028)85401670/
　(028)85408023　邮政编码:610065
◆ 本社图书如有印装质量问题，请
　寄回出版社调换。
◆ 网址:http://www.scup.cn

序一

何师母每逢从外地服事回来，谈起所主持的"婚姻家庭讲座""个人生命重建营""比翼双飞夫妻营"等聚会使很多人由此得到帮助，包括他们夫妇自己。而且每次聚会结束后，总是有人要问下次聚会是何时。因此我每次都催促她早日把她多年的心得和见证编写成书，以便更多人受益，同时也可作为教材，供同学们上课使用。

在现今的社会，婚姻家庭问题层出不穷，许多人急需帮助，且需要量又是如此庞大，所以我也常鼓励何师母尽快去发掘这方面的师资人才，加以系统训练，去从事单亲及婚姻的服事与辅导，使婚姻家庭事工事业能快速扩大与成长。

不论是外遇、离婚、单亲、再婚……都是每个婚姻辅导工作者所要面对的问题。及时的教导和提醒使这些家庭在面临婚变和婚姻中的冲突时，能够做出有效的预防与应变。本书文笔生动，特别是其中的个案实例，可供读者参考。且本书又从正确的辅导理念出发，用丰富的生命经历来言说，能使更多夫妇安然走过婚姻的风暴，进入柳暗花明又一"春"。

陈仲辉博士

爱修更新会会长、爱修园国际领袖学院院长

序二

    婚姻的精髓是爱。许多现代实证研究发现，有意义之爱的关系能增强我们的免疫系统，促进身心健康。想要拥有甜蜜幸福的婚姻是现代人心中梦寐以求的事。但在现代社会中要如何去给予爱，得到爱，却不容易。

    从深度心理学的角度来看，婚姻与爱情关系是人类医治过去生命中所受种种心灵创伤的千载难逢之机，然而这也可能是卸下心灵防卫使心灵伤上加伤的危险之机。现代的亲密关系极为复杂，充满着两难："一亲近你我就受伤，不亲近你我又孤单。""对你倾诉你带给我的困扰，你会拒我而去；但若不能和你分享真实感受，我心会远离，我们心灵不能再相契。"

    大多数人在结婚时，都憧憬着能与所爱的人白头偕老，共谱一支美丽的人生之曲。然而，人生中却有太多不测风云。近几年来，亚洲各国的离婚率都急剧上升，许许多多的人在爱情中备受打击，尝尽刻骨铭心之痛。爱是需要学习的，心灵受伤的人更需要有明灯指引，一步步将他们带上复健之路。

笔者认识何张沛然师母多年，看到她与何牧师借着"个人生命重建营""比翼双飞夫妻营"与各种讲座帮助了许许多多受伤的心灵，同时也被他们的爱心与耗尽心血的奉献所感动。坊间有关婚姻的书籍有很多，但真能帮助离婚、单亲与再婚者的书却如凤毛麟角。看到何张沛然师母以她多年辅导的经验与智慧，再加上许多有血有泪的生命见证，写成这本温暖、实用，发人深省又能激励人心的好书，笔者心中非常喜乐。

爱是所有心灵医治中最关键的要素。在亲密关系之中，我们迟早会受伤，但是这些生命的伤痕却可以带给我们深度。唯有受过伤的人，才能真正体恤别人受伤的感受。而一颗受了伤还愿意不断去学习、不断去爱、不断去医治的心，是一颗最美的心。愿我们都成为"医心的人"，本着一颗谦卑柔和的心，不断去学习，不断去爱。笔者恭敬地将此书推荐给人间所有的寻爱者。

黄维仁博士

美国西北大学医学院临床心理学家

序三

在这个人们相见打招呼时竟有人问起"你离了没"的时代，离婚问题实在严重，近年来专门探讨离婚问题的著述也因此增加许多。然而，提供离婚后接踵而来的单亲问题的著作略显短缺，帮助再婚和重组家庭的文章、书籍更是少见。

为此，《柳暗花明——走过婚姻风暴》一书涵盖了走过婚姻风暴的三大阶段/主题，是一本能协助需要者正确、健康地走出婚姻风暴，并陪伴他们成长的良书。

不论读者是单身、已婚、失婚或再婚者，都可从书中得到提醒、激励和挑战，让我们更能体谅和接纳失婚者，了解和扶持单亲者，并重视再婚者的婚前与婚后的教育、关怀和辅导。对于从事关怀和辅导人们走过婚姻风暴的志工和专业人士，本书可谓系统与实用、理论与实例兼顾的参考教材。

本书作者何张沛然牧师和其夫婿何志勇牧师，是我从他们学生时代起就熟识的同道和朋友。多年来，他们夫妻不仅在服事上冲锋陷阵，而且为人热情、豪爽和敏锐。一本由具有多年从事单亲事工的经历，加上自己亲身的坦诚反省，并下过功夫研讨相关主题的作者写作的书，必能感动和帮助许许多多的读者——走过婚姻风暴，再踏人生佳境。

叶高芳博士

真爱家庭协会会长

序四

许多人都会同意，婚姻这门课是人生里最难的一课。

我自己在教会服事一辈子，也在企业界工作了几十年，认识许多杰出、成功的人士，也认识许多在服事上很有成就被许多人肯定认可的人。我必须说，几乎人人都曾经历过婚姻风暴。只是许多人走过了这场风暴，开始踏上风和日丽的好日子，但也有许多人仍在其中奋斗……不一定是当事人不够好，实在是因为婚姻这桩事，不是一个人就能做得好的！

毕竟，不是我们做得好就会有幸福的婚姻。但是我们的确需要得到及时的帮助。何张沛然女士以她多年的辅导经验与研究，以及对生命服事与信仰的深度结合，写下这本包含婚姻每个层面的冲突与问题的书。本书可以作为解决婚姻当中冲突的参考书，我深深感到本书能为我们提供帮助。全书一气呵成，针对问题层层剖析，却绝对简练而不烦琐。特别是其中每一个真实案例都令人感动，读者定能从中得到启发。

就像本书开头说的"我们做了太多后期的事",大部分的人都在婚姻进入严重风暴期才开始寻求帮助,这本书绝对不是只给正处在风暴期里的人读的。它是给每位关心自己婚姻、周围人的婚姻的人读的。

无论你正处在婚姻甜蜜期,或正经历婚姻风暴,或已经安然渡过婚姻风暴进入坦途,本书都有助于你对婚姻有更深刻的体会与认识,对婚姻伴侣有更深切的了解与同情。无论你最终是否走过婚姻风暴、安然返航,本书都能使你增长智慧,选择合自己心意的道路,拥有更丰盛的生命!

《标竿人生》翻译　尹能—群芳鼎盛总裁
于美国宾州亚伦城

自序

　　1997年的某一天，这是我做师母的第11年，我突然发现自己听到家中电话铃响时，竟然感到"害怕接，也不想接"。我被自己的这种"感觉"吓了一跳，因为理智告诉我：能为别人服务是最快乐的事，怎么会到了"不想"，甚至"害怕"服事人的地步？我当时有严重的"罪疚感"，觉得自己的灵性真凄惨，甚至还公开向大家承认自己有罪，然后继续努力地服事……

　　我和老公都属于冲锋陷阵型的人，1989年到美国工作开拓牧养教会，几乎是拼命地服事。然而在美国的日子里，我好几次号啕大哭，而且是如丧考妣地痛哭。我不是怕穷，也不怕累，但要"不怕受气"就很难了。尤其是当你全心全意地付出，却仍然换来别人无理的对待或误解时，那种委屈更不容易承受。

　　另外一个原因是，我们的婚姻在1995年曾遭受极大的冲击。其实从1986年结婚开始，我们就常因彼此的个性、成长家庭的不同，在金钱、处世上时有冲突。我们因有着共同的信仰，也就常把问题掩盖了。但我们又是经常24小时在一起工作，这便带来了更多的摩擦。我曾提出婚姻需要帮助，但老公却说："你觉得有问题就一定是你的问题。"问题就这样压抑着，婚姻成了我的忍受而不是享受！

直到我看了《我的灯需要油》这本书时，才知道我的情况已经到了枯竭的地步（burn out）。我这才警觉：我不是个超人，我要接纳自己，调适自己，要承认我需要休息，不需要再硬撑。

我看见自己过去的错误，好像是一个战士，自己带着伤，身上明明已经在淌血，还硬要天天披着盔甲上战场打仗。现在想起来，我觉得这对自己的身、心、灵是何等的不健康。我相信1997年时，我所需要的是休息，是疗伤医治，不是无止境的工作，但当时无人告诉我。

所幸的是1997年9月老公主动提出参加家庭更新协会的"恩爱夫妻营"，重新谦卑地学习邱清泰博士夫妇开设的婚姻家庭课程。从此我们认真地修复夫妻的关系，也从学习过程中领受了这份家庭的使命感！

2000年，我开拓了北美多加协会的服事，主要是社会服务，感觉很不一样。当我去帮助他们时，没有人认为这一切是"应当"的，每次服务后，他们都是心怀感激。两相比较，真是佩服这些师母们。

2008年9月我加入"爱修园国际领袖学院"服事，仍然负责婚姻家庭的事工，爱修园的大家长陈仲辉院长不断地鼓励我，将在北美多加协会那些年帮助别人的经历整理写成书，现在终于成形了。

是的，在北美多加协会服事单亲的经历是个蒙福的过程，我接触了很多宝贵、真诚的朋友。书中用真名、化名的真实故事，只是其中的一些掠影而已。谢谢这些朋友愿意无私地分享他们生命中的故事，从而使得这本书能更真实地呈现在您眼前！是他们给了我在这个领域的学习机会，借着美国几十年经验的失婚关怀（Divorce Care）课程及参加失婚疗愈（Divorce Recovery）等上课的心得，加上自己的领悟，希望本书能给这些处于困境中的朋友一些实际的帮助。

　　谢谢我的老公对我的接纳和包容，让我得到现在"他负责省钱，我负责花钱"的合一境界。我们没孩子，所以早早就可以云游四海地服事。夫妻恩爱后的工作，才真正是"一人追赶千人，两人追赶万人"。我们不再让工作拦阻或破坏我们自己的婚姻！

　　本书的写作过程，我要感谢一开始像编剧般帮忙编撰的心洁，也谢谢May和Vicki的帮忙，他们一遍又一遍地帮我校稿、修饰。最后也谢谢文安兄和Carol的审稿及意见。更谢谢多年支持我的服事，这次又用爱心赞助本书的人士。你们不让我提你们的名字，但深信上天必纪念赐福于你们！

目录

谈 离婚 单亲 与 再婚

柳暗花明 走过 婚姻风暴

离婚篇

谈 离婚 单亲与再婚

柳暗花明
走过 婚姻风暴

离婚篇

今天，有些国家的离婚率已经高达
55%（如美国），因离婚带来的种种问题
也充斥社会，例如孩子的抚养和教育问
题，财产的分配问题，单亲和再婚的问
题，等等。社会也正在为离婚家庭付出
沉重的经济和道德代价，人们已经越来
越多地意识到，离婚不仅是一两个家庭
的问题，它对周边社会及他人的影响也
是非常深远的。

1

现代婚姻家庭的挑战

名作家爱默生曾说："家是父亲的王国、母亲的世界、儿童的乐园。"由此可见家庭的重要性。家庭是健康人格的主要养成场所，能给个人带来满足感、成就感与幸福感。但当今社会，家却有可能成为"父亲急欲摆脱的枷锁，母亲葬埋青春的坟场，问题儿童及不良青年的养成场所"。可见现代人的家庭面临极大的冲击，而问题都是出自亮了红灯的婚姻。不过婚姻的问题包罗万象，它就像冰山，冰冻三尺非一日之寒，有看得见的问题，也有许多看不见的问题。下面我将从内忧与外患两个方面列举现代婚姻家庭所面临的挑战。

内忧

婚姻的问题多半是因为男女双方因个性的差异、金钱的使用、教养子女方式的不同、家务的分配、性生活的不协调、情绪失控、第三者（广义的第三者也包括工作、嗜好、孩子、父母……）所造成的。但是这些矛盾与冲突的背后，隐藏着诸多不为人注意的因素：原生家庭所带来的影响，人生观及价值观的不同，对婚姻家庭角色不同的期望，以及姻亲的关系如婆媳问题。这些潜在的问题若得不到妥善的处理，通常都会给婚姻带来危机。另外，我们没有时常警醒自己让婚姻常常保鲜，当爱火燃尽时，就把婚姻的誓言抛在脑后。

造成婚姻问题的内忧，有以下四点原因。

1. 人格不成熟

婚姻问题最主要的原因，还是我们个人的人格不成熟。例如，婚姻中有一方是属于控制型的人，总认为自己永远是对的，别人都要听他的，只要不按他的方式做事，就会对家人大发脾气。日常生活中，从买菜、做饭、洗碗、打扫清洁、洗衣服、管教孩子，到付账单、修车、维修房子、除草、整理院子、关心家人，如果一方懒惰或自私，那么婚姻出现问题的概率也高。另外，在婚姻里态度也很重要。如果长期对配偶的态度都是挑剔，不感谢、欣赏对方，家中充满了抱怨、批评，这样的态度也会给婚姻带来极大的杀伤力。

2. 家庭阶段性冲击

婚姻家庭是动态发展的，不同的阶段会带来不同的压力。比如，孩子刚出生到幼儿期，那种初为人父母的紧张，使得不少夫妻闹得天翻地覆；等到孩子念书之后，管教方式的不同也会引起夫妻之间的冲突；进入中年以后，又有中年危机、更年期综合征；现在甚至老年还闹离婚的现象屡见不鲜，这也许是因为夫妻为了孩子而维持"完整"的家庭生活，但是等到孩子上了大学，两人"大眼瞪小眼"地生活在一起，加上之前没有好好地维护婚姻，因而造成离婚的悲剧。

3. 沟通与冲突障碍

在我们的教育体系里，很少有人教我们如何沟通，如何处理人际关系，如何有效地解决冲突。我们常见的处理冲突的方式就是回避（Flee），或是争执（Fight）。个性属潜水艇型的人，他们面对冲突时，总是选择逃避的方式。有专家说："女人对男人最大的抱怨就是男人不沟通。"

不肯面对问题，并不表示问题就不存在，因为问题是不会自动消失的。夫妻间的问题若长时间得不到解决，自然会造成两人之间的疏离。例如，有一种处理冲突像坦克车型的人，他们急于解决冲突而采取紧迫盯人、穷追猛打的方式，这样只会带来争吵，伤害彼此的感情。表面上吵赢的人，并不代表他一定正确，也许只是对方选择了息事宁人的态度罢了！专家也提醒："丈夫最讨厌的是不被太太尊重。"在外人面前不给丈夫面子，天天唠叨、吵架，这些处理方式都不是明智之举。

4. 成长的因素

若夫妻不肯一起成长与改变，就会造成许多矛盾。因为爱情像植物，需要不断地滋养与维护；也像汽车，需要不断加油和充电。若是我们不肯用心经营和呵护婚姻，爱情必然枯萎。一般情况下，大多数男人肯为事业付出，却常常忽略自己的婚姻。在婚姻关系中，夫妻双方都要学习放下自己（舍己），一方若只想获得而不肯付出，给予和接受之间不平衡，那么这种家庭要么迟早解体，要么两个人得过且过地拖下去。

外患

当下社会一些不良的风气，如情欲的试探引诱、色情书籍及黄色网站的泛滥，再加上夫妻分隔两地、工作忙碌这些外在环境的因素，不断侵蚀着现代人的婚姻家庭。况且时下有些人的观念也不同以往，从前做人家的"第三者"是脸上无光的事，生了"私生子"更是会一辈子抬不起头。但是现在某些人道德沦丧，竟会说"只要我喜欢，有什么不可以！"或"我得到他，不就可以少奋斗20年吗？"更有甚者说："我一定要为他生一个小孩，这样就可以绑住他，要他对孩子一辈子负责任……"这种外患的冲击，再加上内忧，造成了许多家庭的破碎。

根据中国民政部2013年发布的民政事业发展统计公报上的资料，2012年在中国民政部门办理离婚登记的夫妇共有310.4万对（此数据均不含法院部门办理的调解和判决离婚），比前一年同期增长超过一成（8%）。

有中国社会专家分析说，近十年来中国社会在转型中，家庭关系趋于松散，男女之间价值观发生变化，是导致离婚率上升的因素之一。

数据还显示，在离婚率最高的十大城市中，北京高居榜首，达到近四成（39%）。其他城市如上海、深圳、广州、厦门、大连等，离婚率也都在三成以上（31%）。

面对日趋严重的"离婚潮"，上海社会科学院社会学研究所研究员、中国婚姻家庭研究会常务理事徐安琪认为，导致中国离婚人数急速攀升的原因是多方面的，其中最主要的是社会处于转型期，社会变革给婚姻的稳定带来巨大冲击。另外，结婚和离婚程序趋向简化，也使部分人因为一时冲动就草率做决定。当然，随着物质生活水平的提高，人们对婚姻质量、感情需求和爱情期望也有所上升，以前觉得能凑合的，现在就不能容忍了。

另有专家指出，近年来造成离婚的一个重要原因是婚外情。而最近几年来离婚率不断攀升和"包二奶"的现象泛滥，更是不容忽视的社会问题。

过去十年台湾的离婚率增长了一倍。今天的台湾，每十对新婚夫妇中就有一对在结婚不到一年的时间内离婚，每三对夫妇中就有一对以离婚收场。过去许多年来，高离婚率已经成为西方社会生活中司空见惯的事情。不过，动辄离婚的现象已经不仅仅局限于西方。

台湾的离婚率不断上升，为了遏制这种情况，相关部门还专门通过新条例，让所有的年轻夫妇免费上课，学习如何构建美满幸福的婚姻生活。台湾"立法院"通过了《家庭教育法》，要求准备结婚的男女在结婚前，一定要先上四小时的家庭教育课程，以培养正确的婚姻观念。这个课程包括亲子、两性、婚姻、家庭资源与管理等内容。

提出这个法案的一位"立法委员"江绮雯说，台湾社会应该停止依赖当局来处理问题家庭。她说："我们做了太多后期的事情，但问题的根本还是在家庭内。"江绮雯说，相关课程可以帮助男女认识他们在婚姻中的角色。妇权主义者把台湾离婚率上升的部分原因归咎于女性受教育程度的提高，以及有更好的工作机会，因此对"大男子主义"越来越不能够容忍。台湾虽有一对85年婚龄的老夫妇，可能是全球结婚最久的夫妇，但台湾的离婚率在亚洲还是最高（资料来源：BBC News中文网页）。

婚姻需要夫妻双方悉心呵护，我们应该尽力避免导致婚姻出现危机的因素，不断化解危机，让自己的婚姻和谐、温馨、快乐。如果我们的人格够成熟，身心够健康，有良好的沟通能力，学会有效地解决冲突，婚姻问题将会减少许多。

"……为夫妻关系立下准绳：人要离开父母，与妻子连合，二人成为一体。这是极大的奥秘……然而，你们各人都当爱妻子，如同爱自己一样。妻子也当敬重她的丈夫。"（《以弗所书》5章32-33节）有一本书名叫《丈夫需要尊重，女人需要爱》。男人爱面子，需要被肯定、受尊重，所以太太务必在外人面前给足他面子，当然要出于真诚。做妻子的要学会顺服，让丈夫做决定。而女人需要用心呵护，丈夫应该用她要的方式去爱她，满足她。书中也提到，几乎一半的婚姻失败都出在没有遵守这个原则上。在本书的最后一章，我将提出更详细的经营美满家庭的蓝图与要素。

　　《箴言》14章1节："智慧妇人建立家室；愚妄妇人亲手拆毁。"可见，妻子的角色是多么的重要。希望我们在婚姻中都能不断地成长，有智慧地经营自己的婚姻家庭，成为一个在婚姻中幸福的人。

谈 离婚 单亲与再婚

柳暗花明
走过 婚姻风暴

现代婚姻家庭的经营非常不易，尤其男人们结婚后，常常觉得太太已经追到手，就视一切为理所当然，全心放在事业上，往往到了婚姻出现危机时才警觉大事不妙。以下的真实故事就是一个典型的例子。幸好国平即时回头，改变自己的心态，终于让家庭和好如初！

2

破镜能圆
——国平的真实故事

我一向以为，一个器皿如果有了裂纹，是不可能完好如初的。不幸的是，我的婚姻偏偏就像有了裂痕的器皿一样，几乎毁掉。我们夫妻曾经绝望到感觉彼此之间已经很难再找到一个完美的结合点的地步。然而，奇迹也正在这时发生了。我们做梦也没想到，婚姻绝望的深谷正是我们通往天堂之门的地方。我们不但寻到了家庭婚姻永葆青春的生命之泉，而且寻到了人生的真正意义。如今，凡事包容，凡事相信，凡事忍耐。（林前13：7）爱的真谛使我的家庭和好如初，我们的婚姻已经走出绝望之谷，充满了甜蜜和温馨。夫妻两人真正体会到了"那人独居不好"的深刻含意，并且为如今能够相伴左右而心存感激。

蜜月期到冲突期

十多年前，我和妻子满怀憧憬地迈入了婚姻殿堂。我们像所有的新婚夫妇一样做着王子和公主从此生活得幸福快乐的美梦。我学的是自然科学，妻子学的是外语，我们并没有感到"学文理的结合在一起"有什么不好。相反，我们相信婚姻生活将因我们的不同而充满互补的欢乐。妻子热情待人，心地善良又体贴入微，忙里忙外，从无怨言。众人都称赞她是位贤妻良母，是我生活中的贤内助。我心里甜蜜之余，曾多次感谢上天赐给我一位如此温柔美好的妻子。为了努力创造美好生活，我把所有的精力都投到了工作上。幸福温馨的时光就这样在我的忙忙碌碌中匆匆流逝。不知不觉间，家开始出现问题。虽然在我看来都不是什么大是大非或者原则上的问题，但在她看来却绝对不是鸡毛蒜皮的小事。久而久之，事情发展到了难以调解的地步，令我束手无策。这本来甜蜜的婚姻失败了！

原生家庭

我的幼年生活，历尽世态炎凉。父亲曾在"文化大革命"中被无情批斗，我的童年落入无助的困境之中。父母关系的不和睦，更使我产生了强烈的自卑感。在幼小的心灵里，我常常会问一个问题："为什么我要面对这一切？"17岁那年，我走进大学的校门开始独立生活。一种无法形容的莫名愤怒，又迫使我产生极大的自傲。我从来不服输，很少有问题能难倒我。生活上不比任何人差，专业的问题更是考不倒我。尤其是当我拥有了博士头衔以后，更是一览众山小，觉得自己比很多人都强，我变得既自傲又自卑。就这样，原生家庭的影响和刚开始独立生活的模式使我的双重性格在不知不觉中形成了。

刮伤裂痕

步入婚姻以后，我和妻子发现我们不单是所学不同，其实在家庭、社会背景，生活习惯，为人处事，待人接物，甚至对事物的看法、人生观与价值观等各个方面都是南辕北辙。我家有朝鲜族血统，是个很封建的家庭。我的母亲很善良，对我的教育是"男人就是男人，只要把外面的事情做好，就是个好男人，他不应该做女人该做的事"。因此，结婚以后妻子承担了所有的家务。尽管她的工作也很忙，但她忙里忙外时，我还一直认为这是很自然的事情。慢慢地，我事事主观，不考虑她的感受，对妻子情感上的失落也疏于关怀；甚至认为当自己承受很大的压力时，可以大发脾气，甚至动粗。我自以为只要她在生活上不愁吃不愁穿，就应该心满意足了，况且我又这么地爱她。

但事情却完全不如我所想的，随着时间的流逝，我们开始争吵，常常为一些我认为"鸡毛蒜皮"的事情。到后来，妻子不再和我争吵了，只是凡事沉默，敷衍了事。那时，我并没有意识到问题的严重性。其实，在不知不觉中，我们的婚姻已经走向了坟墓，因为当爱情走到尽头的时候，夫妻连争吵、愤怒和彼此的折磨都变得那么难能可贵！

当头棒喝

有一天，她带着两个可爱的儿子离开家，去了"家暴庇护所"。她留下一张便条给我，表示"我们已经没有继续生活在一起的理由，因为我们无法沟通，没有爱情，除了离婚，已别无选择了"。

晴天霹雳！我一时间不明白到底发生了什么事。只是惊呼，我那原本甜蜜温馨的婚姻失败了？！在极度茫然之余，我内心深处也感到一种莫名的歉疚。我千百次地问自己："我的婚姻到底哪里出了问题？妻儿为什么要离我而去？"我那么在意她，一直那么深深地爱着她，为什么她不知道？她为什么要离开我？我的心在哭泣，我不停地问，却实在找不出答案。

人只有到了爱离你远去的时候，才意识到没有了爱的生活是多么的失落和空虚。我感到人生一切都不再有价值，所有的一切再也不能带给我幸福和成就感。我觉得自己仿佛一头栽入幽谷，心更是跌至谷底。安慰起别人来一向游刃有余的我，此刻却安慰不了自己。

柳暗花明

就在我百般无奈和伤痛之时，妻子律师的中文翻译员介绍我们夫妇参加了"个人生命重建营"。营会的老师带领我敞开心门，在营会中我找到了真理，学着去深切地省察自己内心的幽暗。大光所及之处，黑暗退去，我走出了迷茫和无知，谦卑地认清了自己的盲点，并找出了与妻子相处障碍的症结。

俗语道"江山易改，本性难移"，但是自从我认识真理之后，自己本来束手无策的一些个性特质却改变了。我真是心存感恩！参加"个人生命重建营"后，我得到了妻子的宽恕与接纳，我们又重新生活在一起，家里再次充满了欢声笑语，我们终于破镜重圆！现在我们相亲相爱，远胜过最初的甜蜜。虽然我们还有争吵，但我们不再惧怕，因为我们心灵相通。我们一家既然已经认识了道路、真理和生命，就一定能走好以后的道路！再度承诺"一生互爱互重"之后，我们深信爱能化解一切矛盾，夫妇之间又恢复了起初的甜蜜。看到孩子的幸福、妻子的贤慧，现在的我不再自傲又自卑，我们家已经走过黑暗的幽谷，踏上了幸福的大道。

国平夫妇的婚姻在经历大风大浪以后能够起死回生是因为他们在挣扎中找到了问题的症结，也因为他们各自有一颗愿意悔改并且直面自己的心。其实，哪一个人不希望自己有一个幸福美满的婚姻呢？但是我们周围在婚姻的苦海里载沉载浮的却比比皆是！究竟是因为什么？

在我个人的辅导经验中，婚姻家庭出现危机虽常常有各种各样的诱因，但是排起名来，头号杀手非外遇莫属。现代社会，不少婚姻受到外遇的侵扰，无论是什么原因造成的外遇，都让当事人陷入焦虑、痛苦、恐惧、烦躁，甚至绝望的心境之中。事实上，在所有的婚姻问题中，外遇的问题是最难解决的。下一章，我们就来探讨一下外遇这个棘手的问题。

谈**离婚**单亲与**再婚**

柳暗花明
走过 婚姻风暴

　　每一个人都希望有一个幸福美满的婚姻，但是我们不难发现，有一些人在婚姻的苦海里载沉载浮，尤其是婚姻当中有了第三者。在我个人的辅导经验中，婚姻家庭最大的危机莫过于外遇，因此，在谈离婚之前我们先认识外遇的问题。许多婚姻都受到外遇的侵扰，无论是什么原因造成的外遇，都让当事人陷入焦急、痛苦、恐惧、烦躁的心境，而且在所有的婚姻问题中，它是最难解决的。

3

婚姻的头号杀手
——外遇

当今社会离婚率偏高，离婚的因素中又以外遇问题最具杀伤力，是婚姻的头号杀手。下面我们将从以下几个方面来谈谈外遇的问题。

外遇的类型与成因

根据简春安博士的归纳，外遇大致有以下六种类型：三妻四妾型、风流型、保护（同情）型、感性（天真）型、旧情复燃型以及情境型。其中尤以保护（同情）型最让人扼腕。当事人一般都是所谓的好人，只是在某种情境下因为同情别人，日久生情而使被帮助者成为婚姻的第三者。这种感情剪不断，理还乱，三方都陷入痛苦的境地。

我们从外遇的类型多少可以看出外遇的成因。当然，人们常常会讨论：外遇到底是婚姻问题的肇因还是结果？我们来看看下面的图3-1。

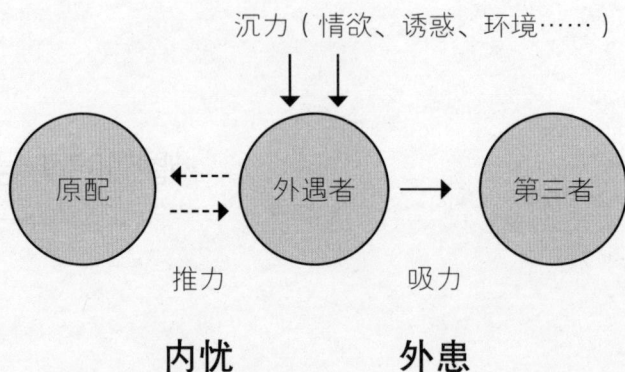

沉力（情欲、诱惑、环境……）

原配 ← - - → 外遇者 → 第三者

推力　　　　　　吸力

内忧　　　外患

图3-1　外遇的原因：内忧外患

这里，吸力指的是外在第三者的吸引力；推力则指婚姻已经存在的问题，或外遇者对原配的反感；沉力则可能是社会风气的败坏、道德价值观的沦落，甚至有些人根本就是对色情书刊或性方面上瘾。这三种力量的共同作用常常就会造成外遇问题。

在本书的第一章，我们已经提过婚姻的挑战——内忧外患，加上一些错误的思想模式。所谓"不在乎天长地久，只在乎曾经拥有""一夜情——两厢情愿不加任何负担""不爱江山，只爱美人"这些说辞美其名曰"爱情至上"，实际所行的却是毫无道德与责任感的事情。

外遇的过程

江林月娇女士在《外遇问题面面观》一文中指出，外遇包括以下几个阶段：

酝酿期：配偶企图外遇，或对外遇跃跃欲试，但尚未进行。

试探期：邂逅外遇对象，情海生波，当事人内心忐忑不安，但尚未被配偶发现。

冲突期：配偶发现，正面交锋，口角不断，冲突剧烈。

无奈期：冲突平缓，外遇关系藕断丝连；双方冷战，夫妻关系呈胶着状态。

决断期：冷静思量，决然断绝婚外情；或抛弃原配，决意与第三者结合。

外遇的代价

外遇所付出的代价可谓"四败俱伤"（外遇者、原配、第三者、孩子）。事实上，没有一个身陷外遇的人心里会没有负担，从隐瞒、罪疚、矛盾等重重复杂的心理问题，发展到与配偶争吵、无心工作等，外遇者往往都会付出惨痛的代价。我常说"外遇不好玩"，因为常看到"现世报"——身败名裂，重病缠身，甚至家破人亡。无论外遇有没有结果，这一段过程对人生的杀伤力不可小觑。

除了伤害自己之外，配偶更是痛苦的受害者。在夫妻争执的过程中，为了使外遇行为合理化，出轨方往往会把配偶的缺点夸张与放大。有一位外遇者曾批评他的配偶说："你知道吗？你连笑起来都难看！"果真如此，当初怎么会娶她呢？这位原配受到的心理创伤是难以想象的。日后无论结局如何，她都还得度过一段艰难的"自我否定"的疗伤期。其实，经历过这种创伤的人，即便通过积极的心理治疗，也不一定能够重新站起来！

在外遇事件中受伤最大的莫过于孩子。他们幼小心灵的惶恐不安，以及价值观的混淆程度，远远超过大人的想象。许多外遇者可能自我安慰说："小孩长大就好了。"也有人以为孩子很健康，心理没有问题，殊不知这样的伤害有时要等到孩子长大，面临婚姻问题时才显现出来。他们可能会害怕结婚，宁可独身或滥交，即使结了婚也可能对未来的配偶不信任或者不忠诚。最糟糕的是，父母没有树立好榜样。在夫妻争执中，小孩经常不可幸免地成为牺牲品，夫妻在孩子面前数落彼此会深深地伤害孩子的情感和心灵。

在处理诸多个案的经验中，我了解到第三者本身也有许多不为人知的苦楚。提心吊胆不说，没有身份，没有名誉，毕竟是十分难堪的。即便最后能如愿"转正"结婚，情形往往也十分复杂。有一位第三者虽然得以成婚，但是后来竟然不得不面对第四者介入的问题。这样的情形并不稀奇，因为一个喜新厌旧的人，既然可以因为第三者而抛妻弃子，这位第三者通常既不会是外遇者的第一个玩伴，也不会是最后一个。所以，做第三者绝对不是赢家。人生需要抉择，聪明的我们要做一个智慧的人，在人生的旅途中，做出正确的抉择，找到真正的幸福，经历无悔的人生。

还有一点很重要，这里要特别提醒所有人，人非圣贤，千万不要冒险将配偶置于长期两地分居的境况中，许多外遇的悲剧就是这样开始的。

外遇的处理

为什么遭遇外遇的婚姻还值得挽救？因为一般人都认为合则聚，不合则散，因而常常会轻易离婚，但之后又后悔。外遇一旦发生，给予当事人的冲击既大且深，冲突与伤害是避免不了的，但只要冷静下来面对问题，也未必不能挽回婚姻。

如图3-2所示，想要挽回外遇的悲剧，减少彼此的推力，增加原配的吸力，自我的提升是十分重要的。原配尽管内心有许多不快和痛苦，也要尽量避免破坏夫妻感情的举动，不要轻易放弃婚姻，更不要在孩子面前贬损配偶。处理外遇的一个重要原则，就是目标和做法要一致。你如果想要挽救婚姻，言谈举止间就不要将他推出家门，也不要一开始就把他的恶行昭告亲友。那样是背道而驰的方法，结果也会事与愿违，因为外遇者会破罐子破摔。曾有一位妻子在发现丈夫有外遇后，把骂丈夫的话写下来，每天到丈夫的办公室骂给大家听，如此持续一段时间以后，婚姻要挽回也很困难了。

在面对外遇的过程中，如果你希望挽救婚姻，那就需要增加浮力。在正面的浮力中，信仰的力量是非常强大的，因为它会从根本上改变一个人的认知与价值观，甚至思维模式。对身在错误之中的人来说，这样的根本改变会带来对自身内心的省察和外在行为的审视，意识到自己所思所行中反映出来的内心污秽，并进一步彻底认错悔改，悬崖勒马。

也许有人认为破镜难以重圆，并发出这样的疑问：有了外遇之后，即使配偶回到身边，日子还会快乐吗？但是，如果我们愿意将人生视为一所学校，"外遇"事件也可以是一门功课、一种学习，只要双方都愿意视它为一个成长的契机，努力从中学到人生必备的一些美好品德，比如学习饶恕，因为翻旧账是于事无补的，又比如学习守约，因为婚姻是一生的盟约；那么，这些美好品德的学习可以使生命获得更新、提升。在我辅导的个案中就有好多对夫妇走出困境以后，反倒更加珍惜彼此且相知更深！

提升力　　　提升力　　　提升力

原配　吸力　外遇者　推力　第三者

浮力*

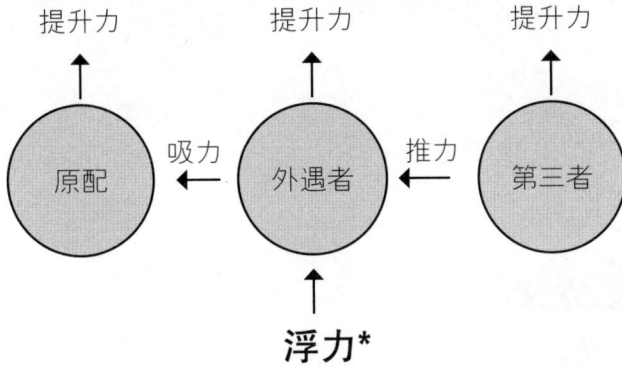

图3-2　外遇的处理

*　图中的浮力也可以指整个社会向上提升的力量，政府多看重婚姻
　　家庭的价值，为了我们身心的健康、社会的和谐，更为了健康幸
　　福的下一代。

谈 离婚
单亲与再婚

柳暗花明

走过 婚姻风暴

现在我们要看另外一个真实的个案。这是一个妻子在婚姻遭遇外遇打击时，如何成功挽救自己的婚姻和家庭的例子，这也许能带给人们一些鼓励和启发。从她的故事中我们可以看到，外遇固然是一个十分棘手的问题，是婚姻的头号杀手，但是外遇的出现，也并不等于给婚姻判了死刑。

4

如何挽救外遇的家庭
——宜真的真实故事

结婚十年，我一直觉得自己是个幸福的女人。我和先生是相亲认识的，交往一年后结婚，婚后随他移居美国。先生爱我、尊重我，我们的生活一直很平稳。两个孩子一个8岁，一个4岁，活泼可爱。我平日专心料理家务，孩子上学时，我利用空暇学习插花、绘画、写字，生活过得很充实，觉得世上再也没有比我更快乐的家庭主妇了。

分开的试探

5年前，先生开始与亲戚合伙做生意，进入内地投资。大约3年前，因为经营的需要，他必须定期前往内地视察生意，每次停留近两个月。如果正逢孩子假期，我也会带着孩子陪他一起去。

我先生在内地工作忙碌，压力很大，下了班后一个人很寂寞，当地的娱乐环境又不好，不是卡拉OK就是按摩院等。我们夫妻感情虽然很好，但聚少离多总不太好，因此我多次要求公司另外安排，希望他能长居美国，但一直未能如愿。

就在一年半前，我去内地时，发现先生有了外遇。一次偶然的机会，我在他的手机上看到两条短信："我不打扰你，你要休息了。""没等到你电话，我先睡了。"我问先生，他说对方是在应酬场合中认识的服务人员，他只是同情对方，想帮助她做生意，自力更生，脱离欢场生活。他说他们之间没有不可告人之处，但他不肯答应我与对方断绝联系。

面对外遇

于是，我费尽心思调查出了他的通话记录，结果证实他和对方通话次数多得很不寻常。当时，我简直不敢相信忠厚老实的先生会做出这种糊涂事，于是就和先生大吵一场，然后怒气冲冲地带着两个孩子回了美国。

回到美国以后，我的心虽然很痛，但理智告诉我："我的先生'病'了！"生病就要找医生，我相信只要找对医生，病就会好起来。于是我开始四处打听，寻求妇女团体或婚姻协谈机构的帮助，但都没有很满意的结果。有一次，我听到了王祈女士主持的广播节目谈"如何面对外遇"，听后我就直接找到了北美多加协会，并参加了长约半年的辅导课程。

化险为夷

我很感谢这段时间辅导我的邱林惠惠师母对我的帮助与鼓励。她耐心听我诉苦，同时又安慰我，陪我一起理出头绪。在她的指导下，我开始整理自己的生活。首先，我将通话调查记录单撕毁，不再钻牛角尖，不再自陷苦恼之中，因为师母告诉我心情逐渐平静下来之后，才能做出正确的决定。

一个半月以后，先生回到美国。我以比较冷静的态度面对他，与他进行了几次深入的详谈，也对详谈的结果做了整理。之后，我相信先生还爱这个家，我和孩子也仍然爱他、需要他。于是，我相信他愿意回头的诚意，不再调查他。

达成这样的共识以后，我们在何张沛然师母的安排下，参加了家庭更新协会的"恩爱夫妻营"。营会对我们的帮助非常大，我们了解了男女之间的差异，也认识了原生家庭对个人的影响。更重要的是，我在营会中学会了应该如何去爱他。

我开始学着站在他的立场听他说话。原来，我先生个性温和，与亲戚合伙做生意，多少会有意见不和的时候。通常，他不争也不抢，只是把闷气往肚子里吞。得知这些情况以后，我努力体会他的感受，在他工作压力大的时候，尽力帮助他一起学习如何"抗压"。

就这样，我们一起接受辅导，一起经历生活中的问题。夫妻得以慢慢重拾彼此的信任，调整好相处的模式。半年后外遇事件终告落幕，他和对方断绝了来往，公司也改派其他人出差。邱林惠惠师母说我是个好学生，所以这次婚姻问题才能处理得很圆满。

这次外遇事件，我的感想是：

第一，事情发生后，做妻子的不要一哭二闹三上吊，也不要轻易吵着要离婚，否则，会弄巧成拙，不可收拾。

第二，要树立自信，一定要有自己的空间并且不断学习、不断成长，多爱自己一点。在最痛苦的时候，我仍尽量维持正常的生活，未间断运动、学画和读书。

第三，勇于向外寻求正确的帮助。我没有去算命卜卦，没有到处诉苦喊冤，而是参加各种有益的婚姻、家庭、亲子演讲及听讲座。例如，北美多加协会举办的黄维仁博士、张忆家博士的讲座及各种有益身心的营会。了解自己，了解配偶，自然能够"所向披靡"。

第四，改变自己的态度，倾听先生的心声，有意见也不急着说出，先以同理心接纳对方，让对方感受到自己的爱。

第五，事后原谅先生，不旧事重提，不揭疮疤。

今年年初先生过生日时，我精心准备了一些他最喜欢的好菜，全家一起庆祝。饭后，他含着眼泪，紧紧地握着我的手说："谢谢你这一年多的付出，陪着我走过这一段不容易的路。"我回答说："我是你最亲密的人，我不陪你又有谁陪你？"

婚姻与家庭的经营，是一辈子要学习的事，我庆幸自己找对了地方，学习运用智慧平安地度过了这场风暴。

（宜真口述，樊罗启华整理）

其实现代家庭需要面对的挑战不仅仅是外遇的问题。家庭作为社会的基本单元，受到的冲击太多，仿佛在风雨中飘摇的小船。如果没有真理掌管这艘小船的航向，就没有人可以安睡其中。我们的婚姻越是受到攻击，我们就越是要好好保卫它，因为这是一场心灵的征战。

谈**离婚**
单亲与再婚

柳暗花明

走过 **婚姻风暴**

　　如果社会的辅导机构能够在婚姻破裂之前进行有效地介入和辅导，调整当事人的情绪状态，帮助他们理性地正视家庭存在的问题，或许可以避免婚姻触礁。这样的辅导和介入，就算最终不能保全婚姻，也可以厘清双方对原有家庭的义务和责任，使冲突和伤害减到最低，帮助当事人合理分配财产，较快进入平静的新生活，对社会、对个人都会有很大的帮助。在这种情况下，对于辅导者来说，最需要做的是帮助被动离婚的一方重新站起来，在痛苦中成长。

　　以下是我自己曾经辅导过的一个案例，从她的故事中，我们既可以了解在离婚风暴中当事人的心路历程，又可以了解到人如何得以在患难中靠着信仰成长起来，化腐朽为神奇，得到品格的提升，更加感恩，也更加坚强，并且在以后的生活中能够去祝福别人。

5

走出失婚之痛
——光子的真实故事

　　2003年的夏天，代表前夫提出离婚官司的律师要求我进行为期一个月每周一次的全天候出庭，呈堂并录口供。任何官司诉讼都是十分不愉快的经历，离婚诉讼更甚。面对许多的攻讦、诘问以及袒露于大庭广众的自私自利，我觉得真是见识了一场场赤裸裸的人性大袒露。

　　结婚之初，有人曾羡慕我，能与自己门当户对的"白马王子"结婚，过上优裕的生活。然而谁知道，这十年的婚姻路，却是一连串波折不断的人生组曲。谁能预见，我会遭遇配偶不忠、丧女与丧亲的痛苦，并最终走上分居离异的路，还得面对官司中一波又一波无情的审查？

原生家庭

父母对我的影响一直很大。父亲是生意人，他在商场上的成功为我们提供了富裕的生长环境。然而，他也是个传统的中国男人。作为父亲，他注重威信并且很强势；作为丈夫，他信奉大男人主义。父亲与母亲共同生养了六名子女，我是长女，排行第二。我们家是个大家庭，亲族众多，长辈的意见在家庭中有举足轻重的分量。从小生长在这样的大家庭中，我的生活也常常受到长辈意见的左右。

我父母的感情常年不睦，争吵冲突不断。我们作子女的，夹在他们相互的指责与对立中，常常感到左右为难。在我12岁时，父母的关系已势如水火。父亲离家闹离婚，母亲坚持不肯离。后来的岁月，母亲把大部分精力都耗在了与父亲打官司的抗争上。

我一直希望自己能避免重蹈父母婚姻失和的覆辙，摆脱父母对簿公堂对子女所造成的阴影。然而世事难料，做梦也没想到，多年以后，虽然背景和原因迥然不同，我却依然无奈地走上了相似的道路。或许我的婚姻观因原生家庭而带有恐惧的阴影，或许是我个性使然，我对男女感情的交往一直缺乏浪漫幻想，基本上是一种随缘的态度，也没有主见。遇见谈得来的朋友，我会顺其自然地认真交往，然而每当考虑对方是否是合适的结婚对象时，就会裹足不前。

爱情的寻觅

我曾经历过两次恋爱。第一个男朋友是我在美国念大学时的同学。我们交往一年多后，父亲不满我自作主张交男朋友而竭力反对。虽然我已投入了感情，但为了顺从父亲，还是选择了放弃。后来我认识了第二位男友，父亲虽没有再次反对我们交往，却极力主张要我多挑多选，并积极为我安排相亲活动，希望我能物色到最好的人选，免得将来后悔莫及。于是，我又向第二位男友提出了分手，因为我知道自己做不到一心两用，而且也不想给人留下玩弄感情的印象。我既不愿多作解释，也不给对方任何争取的机会，就断然地结束了两段恋情。这就是我当年处理感情的方式，现在回想起来，觉得自己真是很不成熟，也很亏欠他们。

后来，我开始接受长辈们安排的相亲，断断续续地与相亲的对象尝试交往。我的前夫，就是众多相亲的对象之一，初步认识后我并没有特殊的感觉，只知道他是美国一所医院的驻院医师，工作十分繁忙。他的家人也同样在他回台湾时，为他安排密集的相亲行程。一年之后，亲友们发现我们两人各自仍保持单身，于是就大力怂恿我们进一步交往。

其实，我们并没有很多相处的机会，他一直在美国生活和工作，而我则在台湾帮忙家族事业，彼此仅靠通电话与写信来联络感情，了解实在不够深入。然而这一回，不但双方的家人一致鼓动我们结婚，连父亲都认为我们良缘匹配。也许是怕自己的青春蹉跎下去，也许是因为长期的寻寻觅觅让我觉得累了，也许是因为我内心向往挣脱父亲威权的束缚，也许是因为来自亲友长辈的各种精神压力，总而言之，我们在半年内匆匆订了婚，一年后又举行了婚礼，并在美国开始建立起自己的小家庭。我满心期待着这段婚姻可以美满幸福。

其实，在订婚期间，我曾对这桩终身大事产生过疑虑。当我发现他逐渐显露出脾气暴躁和难以沟通的一面时，我也曾犹豫过，但是因为已经与他订了婚，我觉得自己不能悔婚，那是件很不光彩的事。我担心会有人说闲话，往后更难找对象。另外，因为父亲也是一位具有传统观念的大男人主义的丈夫，而我返台后跟在父亲身边多年，也已经习惯包容这种大男人了。所以，结婚以后，面对具有这种传统观念的大男人，我自认为只要做太太的能够忍让和包容，就能够息事宁人。于是，在生活中，他发脾气，我绝不发脾气，还不断告诫自己，忍耐是一种美德，现在既然是一家人了，我就要多包容他一点。我以为这种凡事隐忍，不争不求的理念能够维系我的婚姻，但事与愿违，我一次次的包容退让，换回的却是前夫的变本加厉。

这里，我们看到许多人的婚姻问题，其实是始于婚前。光子因着父母的催促、年龄的压力、逃离原生家庭的渴望、只重外表条件的配合等不正确的结婚动机，未能在人品方面多做了解，也没有彼此真正相爱的感情基础，就急急忙忙走入了婚姻之中。这，就成为婚姻悲剧的隐藏炸弹。

因此，我常送给未婚者的金玉良言是，"宁可晚结婚也不要结错婚"，"宁可等一段美满的婚姻，也不要急一

个破碎的家庭"。当然，结婚前能寻找专业人士做一做婚
前辅导更能有效预防婚姻出差错。

这里要特别告诫为人父母者，你们的好意并不能保证
儿女婚姻的幸福，婚姻家庭是一门学问，希望你们在面对
儿女的婚姻大事时要谨慎。

现在，我们继续来看光子的故事……

丈夫的真实面

前夫是一个外表条件相当出色的男人，身为医生，长相帅气又
潇洒。我并不是个有疑心病的妻子，但嫁到美国一年后，就发现丈
夫有外遇。实际上，他和他的前女友，在我们婚后一直保持着藕断
丝连的关系。

我非常生气，但前夫对我的反应不理不睬。在前夫的观念里，
有条件的男人，在外总是难免会有美丽的女人倾心仰慕，中外皆
然，不足为奇。我的心受到深深的伤害，但是我的个性是不好争
吵，所以只能用离家出走的方式来表达我对丈夫不忠的不满。但
是，我连续两次的出走都在夫家长辈的劝说下不了了之，前夫却依
然故我，夫妻关系也没有任何改善。

我也曾几度试图真正走入他的内心世界，希望在平凡琐碎的家
务事外，建立夫妻共同的亲密空间，然而却总是不得其门而入，后
来也就只盼能守住一个平静安宁的居家生活，把希望寄托在生育孩
子上。

寄希望于孩子

可惜我的生产过程却又诸多不顺，流产两次，第三次怀孕时，小心翼翼保住的女儿却早产了。早产的女儿一回家就发生进食困难，随后一连串的健康问题便接踵而至。短短几个月内，我带着女儿多次进出医院诊治，可是女儿还是在7个月大时因病夭折。

女儿从出生开始，因为早产和体重不足，夫家家人就引以为耻。我被再三告诫必须对外虚报婴儿的体重和出生日期。孩子出现病况更不能让外人知道，连我娘家的亲人也不例外。为此，我在生产后，几乎与所有的亲朋好友都断了音讯，甚至父母亲也不了解实情。

那真是我人生中第一个黑暗无情的打击。眼睁睁看着怀中女儿的病情日趋严重，躯体迅速衰微，我感到伤心欲绝却又孤立无援。与此同时，我却还要面对夫家家人的质疑。虽然我方家族并无此病历，主治医生在多次抽血化验时，也从未表示问题是出自女方，然而不良遗传的指控却还是全部指向我。

女儿病逝后，我独自为她料理后事，每一个环节都令我心碎。夫家的人又向我提议，为了传宗接代，并且基于优生的考虑，要我设法向有关单位打听，积极寻找合适的女大学生，人工受孕借腹生子。

为了保住我的婚姻，我也认真地走访高等大学，物色有意愿做代理孕母的女学生。就在人工受孕即将进行时，一位遗传学界权威的医生将女儿身上的细胞送到荷兰的先进实验室化验。检验结果证实，胎儿的这种问题并非遗传造成，而是父母各自健康的基因配对

中，有不少机率会生出不健康的孩子。至此，我才终于得以还我方
基因遗传的清白。孩子夭折造成的愧疚自责也减轻了许多。后来，
前夫和我决定再尝试，终于，我们的儿子出生了，而且一切正常，
身体健康。

婚姻的煎熬

儿子的健康，使我一直忍气吞声的婚姻生活终于有了起色，我
感受到了扬眉吐气的欢欣。不料，儿子才满两个月，我就发现前夫
又发展了新的婚外情，而且不仅止于逢场作戏。我终于按捺不住向
他质问，他承认他离不开外边的女人，但也丝毫没有弃绝我们母子
的念头，总之他就是想要维持现状。而此事惊动了台湾的公婆，长
辈们纷纷出面劝解，前夫却仍执迷不悟，而且家人施压越大，他的
态度反而越强硬，越没有回旋的余地。

家人屡次调解无效，也劝我寻求专家的帮助。我并不是个肯轻
易向外人倾吐心事的人，而且从小在有佛教信仰的家庭环境中长
大，我相信"夫妻相欠债"的宿命论。丈夫既然原本是冤家，我除
了认命忍受，或再三离家出走来消极反抗，又能如何？

我到洛杉矶最著名的寺院找住持开导，找义工诉说，每周两次
与心理医生谈话，然而这些尝试都无法带领我走出困境，也不能解
除不忠的丈夫带给我的痛苦。我已经到了黔驴技穷的地步，却怎么
也不能使丈夫离开情人。坐在家中怀抱着襁褓中的儿子，我感觉自
己被压抑到窒息欲死，心中只剩一个念头：我再也无法在这个家待
下去了，我要离开！若想要活下去，我就一定得走出这个伤心地！

　　那年年初，我带着孩子搬离了前夫的家。那时我与前夫结婚才五年半。当时的我，只想逃离出走，暂时抒解陷于困境中的情绪，内心却依然存着破镜重圆的希望。没想到后来的日子，一场又一场拉锯战开始上演。他指责我不该离家出走，要求我先回家再讨论问题，而我则坚持要他先了断外遇，以示决心与诚意，我们母子才愿回家。当时，双方的家人多半站在我这边，公婆尤其反对我们离婚，多次插手并希望我们复合。然而我们各自坚持自己的立场，僵持不下。长期沟通无效后，前夫终于提出离婚，他一度委托律师，向法院递件办理分居，不过等到分居半年期满时，我们没有一方主动诉请离婚生效，整件事情又拖延了下来。

　　看了前面的故事，大家的情绪一定有些沉重吧，本来以为可以托付终身的人，却要与你对簿公堂。被最亲密的人背叛的痛苦，加上抚养及教育孩子的负担，当事人的身、心、灵都面对极大的挑战。这时，当事人最需要的就是专业的辅导，包括心理上的医治、司法上的协助、实际生活中的具体帮助（例如：帮忙家事、陪伴等），以及人生信仰与真理方面的深入教导。也许有细心的读者注意到我把一些具体的行动放在前面，而将信仰的教导放在最后，不是因为信仰不重要，而是想把信仰的真谛，也就是爱，切切实实地体现在现实生活中爱的行动上。因为，实实在在的爱的行动，比任何教导更能使人认识真理。

　　此外，离家出走或分居的决定，都是引发离婚的危险因素。这种行动常常使挽回婚姻的难度增加，因此要三思而行。当然，在此我们绝不是要苛责光子，因为在她身心都快要崩溃的时候，"离开"似乎成了她唯一的救命稻草。

我们继续来看完光子的故事吧。

生命的转折点

我住在洛杉矶东区的华人社区。有一天在市场买菜时，一则海报吸引了我的目光，那是"个人生命重建营"的简介。我并不清楚那是什么机构，但它所讨论的课题——针对单亲家庭的亲子教育——正好符合我的需要。我就这样走进了何张沛然师母的办公室，开始接受辅导，并固定参加每月的聚会。

在参加何张沛然师母带领的"个人生命重建营"期间，奇妙的事发生了。营会中老师有关婚姻的教导，让我清楚地了解了爱的真谛：爱是恒久忍耐，又有恩慈；爱是不嫉妒，爱是不自夸、不张狂，不做害羞的事。不求自己的益处，不轻易发怒。不计算人的恶，不喜欢不义，只喜欢真理。凡事包容，凡事相信，凡事盼望，凡事忍耐。爱是永不止息。那与我平素认同的"不是冤家不聚头"的夫妻观，真是截然不同！

我现在还清楚记得当时内心深处发出的那个呼求："上天啊！救救我！"我止不住泪流满面，那是一种从未有过的体会。我的泪水，不但宣泄了我在婚姻中所受的委屈与痛苦，更感受到了我的心被了解、伤被抚慰的平安。我觉得自己的内心似乎被洗涤净化，得到更新。三天两夜的时间虽然很短，但有一股力量使我的内心发生了根本的改变，我暗自思索该如何面对破裂的婚姻状况。

营会结束后，我刚踏上归途，前夫的电话就来了。一如既往地，他的语气急躁又不中听，我内心强烈的反感不由自主地如潮水涌起。我不加思索，准备用严词回应。但是，很奇妙的是，突然之间，一股力量扭转了我的唇舌，我听见自己开口发出的竟是温柔的声调、平和的话语，我自己都觉得非常惊奇！我到现在还记得当时原本要脱口而出的尖刻话语，但是，真正说出口的话竟然完全不一样！

此后，我不仅感受到了自我的改变，同时对于前夫和婚外情的事件，也逐渐开始用一种新的眼光来看待，并试图挽回彼此的感情，重建完整的家。他在和女友分手后，也一度愿意与我一同接受夫妻的辅导，亲友们都盼望我们有复合的转机。

看到这里你一定为当事人的改变而欢欣，也一定希望她的婚姻可以被挽回吧？我们辅导的努力方向当然是使他们和好，可以真正享受幸福婚姻。但是，婚姻是两个人的事，如果只是一方愿意求助，有心改变，另一方却坚持不愿意改变或放弃他的风流，恐怕终究会走向婚姻破裂的结局。

光子的故事又是如何发展的呢？

期望破灭

可惜的是，不久后，我无意中发现前夫又有了新情人。我不知他们交往了多久，但从他们互通电子邮件的内容可以看出他俩的交情非比寻常。这一次，我不再像从前那般情绪激动，也没有一味追究。一方面，我们分居已近两年，只差夫妻任何一方诉请离婚即生效；另一方面，心态的改变，也使我与前夫相处时的关系友善许多，我甘愿用更多的包容来接纳他，只求做好自己的本分，心里仍存着一线希望，期待有一天他回心转意，不再滥交女友。

那时我除了继续接受何张沛然师母的辅导，同时也走出去与自己常常一同聚会的兄弟姐妹分享、诉说、学习。每天大量阅读《圣经》及其他相关书籍，不断提高自身修养，寻找内心的力量。随着儿子一天天长大，我渴望拥有一个属于自己的地方，给儿子和我一个安定的居家环境。当我心中正为不知该在何处落户时，某日读到《荒漠甘泉》引用的一句箴言："你住那里，我吩咐你。"奇妙地，这句话像一股暖流，顿时令我心中烦恼尽失。我开始积极地找房子，并在父亲的资助下，带着儿子顺利地搬进了新家，一个环境优美宁静的小窝。

新家与前夫的家位于相邻的城市，他每天都会找时间来看孩子，有时他也会邀我与他一道出席他同事举办的一些餐会，感觉上我们似乎又恢复了一家人的和谐。如此有一年的时光。可惜，我单方的迁就与配合，并未能恢复重建我们的家庭，前夫的家人来美国度假时，才告知我事实：前夫的那位女友，早已搬入前夫的住所，而且已经怀孕七个月了。

丧母、失婚双重打击

眼看我与前夫已成陌路，母亲来美国看我，不料，她自己却不幸因旧疾复发入院紧急救治。为了办理母亲住院的手续，还有关于病情和诊疗的协商，加上母亲希望由前夫担任她的主治医生，我只好一次次地恳求前夫出面处理。很遗憾的是，母亲的病况迅速恶化，药物失效之下，四个月后便撒手人寰。

在母亲病重期间，我也接到了前夫正式提请离婚生效的通知书。失婚与失亲的双重打击是沉重的，但是，所幸那时我已经无需像从前那般，凡事自己默默承受。许多伤心与无助的时刻，都有兄弟姐妹的陪伴与安慰。他们伴我度过人生阴暗的低谷，也帮我锻炼得更加坚强。

母亲遗体火化后，我回台湾办后事，我也带着儿子回去。原想在台湾多与家人相聚些时日，谁知前夫却以私下诱拐小孩离开美国为由，控告并逼我立即返回美国面对离婚法律程序。

官司显人性

短暂而曲折的婚姻走上了对簿公堂这一步，很多陈旧的伤口又再度被迫撕裂开来，一些不实的指控更让我伤痛万分。因为财产的问题，我的父兄被牵扯进来。前夫不但在精神上伤害我和我的家人，甚至向我们5岁的孩子灌输负面思想。官司进行一年多后，一天，儿子从他爸爸家回来，问我说："什么时候才能停止向爸爸要钱？爸爸都没有钱买礼物给我了！"看着他天真又忧伤的眼神，我很心痛，因为自己年幼时曾目睹过父母对簿公堂，给自己的心灵造成过巨大的伤害。作为过来人的我，最清楚不过了。我不愿意让自己的孩子也承受这样的痛苦！

但是，面对对方不合理的刁难与挑战，我没有闪避的余地，不得不强打起精神，准备资料文件，录口供，一一做出回应。经过四次全天候的问讯，刁难与挑战暂时告一段落。我毫不犹豫地开始准备法律程序，打算对他反击。在常人看来，我有非常充分的理由这样做，而且身为孩子的母亲，我多争取些权益，也就多为我儿子谋取一份保障。毕竟对方已另有妻儿，除了我，谁会真正为我儿子做最周到的设想？

饶恕与放手

然而，今非昔比，如今，我已经不再是以前的自己。我在此期间不断接受辅导老师有关的教导，情感上和心灵上也不断得到时时支持着我的兄弟姐妹的关怀与安慰。真理的教导、婚姻课题的探讨等让我领悟了饶恕的真谛。

有那么一阵，对于婚姻带给我的伤害，我自以为已经包容并宽恕了前夫，学会了饶恕。但是，真正地做到饶恕却远不是一件容易的事情！

当前夫用法律手段搞得我疲于奔命地应付审查的时候，我就想要用法律手段猛烈回击他。但就在这时候，有一位姐妹找到我，要我切记："无论前夫做了什么，都要彻底地饶恕他！"

当时，我完全哑口无言，但是内心深处，有一个声音告诉我，我必须彻底饶恕他，才能真正走出来。

在这里也提醒读者，如果真走上离婚一途，协议离婚当然要比上法庭好，避免劳民伤财。但是为了保障自己及孩子应有的权益，走上法庭有时也是迫不得已的必要措施，因此在两者之间，盼您做出明智的抉择！

我就这样走出来了，不再自陷于怨恨的罗网之中，因为如何张沛然师母所言："饶恕是吃良药医治自己的病，不饶恕是自己吃毒药想让别人死。"

旁人看来，我是婚外情的受害者，似乎是一无所得。前夫已另组家庭，又因前夫不同意让儿子迁居别处，目前我连儿子的抚养权也拱手让给他了，并且承诺在任何有需要的时候，配合前夫家庭的要求，帮助儿子适应生活环境。这决定在旁人看来非常傻，但是我的心中却有莫大的平静与感恩。我的心灵因为摆脱了怨恨对我的捆绑而自由，我也因为真爱就在我的心里而有着深度的平静安宁，我也知道，我和我的孩子都会因为这样的平静安宁而生活得喜乐满怀！

（光子口述，张淑宜整理）

　　光子的故事在这里告一段落，她的婚姻没有保住。但是，光子内心满怀平静地往前走的现实就是对她自己和孩子生活的莫大祝福。对我来说，在光子身上我们可以看到一个改变的生命：就是靠着宽恕那些加害于她的人，最终走出困境，过上充满希望的生活。几年后的一天，她亲口告诉我，为此，一切的苦难，都是值得的！

谈 离婚
单亲与再婚

柳暗花明
走过 婚姻风暴

　　婚姻辅导工作的重心就是将当事人带进真理，使他们从痛苦、沮丧的情绪中走出来，勇敢地往前行。

　　从光子的故事中，我们看到了信仰的力量。读者也许很难理解她最后的一些做法，但是谁知道呢？她如果继续抗争，并跟前夫进行旷日持久的法庭大战，也许会得到一些经济上的补偿，但是注定会有更多身心俱疲的折磨和伤痛，儿子也必然会因此受到更大的心灵创伤。

　　早点放手，早点走出阴影，早点忘记过去，早点开始人生新的征途，对她来说，又何尝不是一桩好事呢？

6

基督徒处理离婚的立场

离婚问题的辅导是一件很复杂的工作，需要时间、爱心和专业知识。我将在这一章中分享我个人的"基督徒处理离婚的立场"。

基督徒的婚姻观

基督徒的婚姻观来自《圣经》。根据《圣经》，正确的婚姻观则是一男一女、一夫一妻、一生一世。神在创世之时，只为亚当造了一位夏娃，他有能力造多人，却只造一人（一妻），为了使我们懂得彼此应忠诚，得敬虔的后裔。（《玛拉基书》2章15节："虽然神有灵的余力能造多人，他不是单造一人吗？为何只造一人呢？乃是他愿人得虔诚的后裔。所以当谨守你们的心，谁也不可以诡诈待幼年所娶的妻。"）

从《圣经》中，我们看见神是厌恶离婚（God hates divorce）

的。《玛拉基书》2章16节耶和华——以色列的神说："休妻的事和以强暴待妻的人都是我所恨恶的！所以当谨守你们的心，不可行诡诈。"这是万军之耶和华说的。因为上帝不愿意人们结婚后又离婚，轻视山盟海誓的婚约。

基督徒不是任何理由都可提离婚

今天，许多人用很多不负责任的借口离婚，如："我俩个性不和。"请问世界上有几对夫妻是个性相同的？或说"因误会而结合，因了解而分开"。如果彼此了解，难道不是更应该互相珍惜吗？其实，夫妻之间产生误会时正是他们应该好好学习沟通、学会解决冲突的时候！

有个笑话说，一位先生结婚二十几年，要跟他太太离婚。他说："我的太太脾气太坏了，从结婚开始，一吵架她就常常乱丢盘子。"朋友问他："既然结婚之初就是这样，二十多年都过来了，现在为什么要提出离婚？"他说："因为我太太的盘子越扔越准，所以我得赶快离了。"这虽是个笑话，但我们也看出一般人不太会经营婚姻，不会处理冲突或怒气。

如果爱只是感觉，那么感觉是会变的。有一位太太要跟她的先生离婚，原因是他的吃相太难看，像头猪一样。婚姻辅导员很机智地问她："请问您与他结婚前，他的吃相是什么样的？"这位太太想了一下，说："也难看，但很可爱。"

我们结婚之前可能很欣赏的对方的优点，结婚之后反而成了缺点。是谁变了？谁都没有变，是因为我们自己的爱不见了。所以一个本来很可爱的吃相"变得"可恶，让人生厌。

婚前的优点，因为没有婚后的包容及接纳，天长日久，竟然成为令人生厌的缺点！所以，爱是一生的学习，爱也是意志的抉择。爱不能光凭感觉，因为感觉是会消失的。今天你感觉很爱他，可能明天又觉得他不可爱了。任何婚姻都需要爱的意志力来支撑着继续往前走。

《圣经》中离婚的特例

我个人从《圣经》中的查考，总结出在以下三种特殊情况下，上帝允许（绝不是鼓励）受害者才能选择离婚：

一、若不信者执意要离去时

《哥林多前书》7章10-17节：

> 至于那已经嫁娶的，我吩咐他们；其实不是我吩咐，乃是主吩咐说：妻子不可离开丈夫，若是离开了，不可再嫁，或是仍同丈夫和好。丈夫也不可离弃妻子。我对其余的人说（不是主说）：倘若某弟兄有不信的妻子，妻子也情愿和他同住，他就不要离弃妻子。妻子有不信的丈夫，丈夫也情愿和她同住，她就不要离弃丈夫。因为不信的丈夫就因着妻子成了圣洁，并且不信的妻子就因着丈夫〔原文是弟兄〕成了圣洁；不然，你们的儿女就不洁净，但如今他们是圣洁的了。倘若那不信的人要离去，就由他离去

吧！无论是弟兄，是姊妹，遇着这样的事都不必拘束。神召我们原是要我们和睦。你这作妻子的，怎么知道不能救你的丈夫呢？你这作丈夫的，怎么知道不能救你的妻子呢？只要照主所分给各人的，和神所召各人的而行。我吩咐各教会都是这样。

请注意第15节："倘若那不信的人要离去，就由他离去吧！"这是在非常状态下的特许，即在信仰不同的情况下，"不信"的对方又主动离开，这样的离婚是《圣经》中准许的。

但从上下文中可以看出，信主的人不能因为信仰的不同而主动提出离婚，因为焉知你不能影响他。正如《彼得前书》3章1节所说："你们作妻子的要顺服自己的丈夫；这样，若有不信从道理的丈夫，他们虽然不听道，也可以因妻子的品行被感化过来。"

我个人认为，这样的弟兄姐妹也是可以再婚的，因为他们不是过错的一方。只是再婚时要与基督徒结合，因为信与不信不可同负一轭。另外，我也从辅导的角度建议：在离婚之后至少应有两年的间隔期，才可进入下一段感情，给自己留有一段疗伤期，这样方能比较健康地进入下一段婚姻。

二、配偶犯奸淫又长期不悔改时

《马太福音》5章31-32节：

又有话说：人若休妻，就当给她休书。只是我告诉你们：凡休妻的，若不是为淫乱的缘故，就是教她作淫妇了。人若娶这被休的妇人，也是犯奸淫了。

《马太福音》19章3-9节：

　　有法利赛人来试探耶稣说："人无论什么缘故都可以休妻吗？"耶稣回答说："那起初造人的，是造男造女，并且说：因此，人要离开父母，与妻子连合，二人成为一体。这经你们没有念过吗？既然如此，夫妻不再是两个人，乃是一体的了。所以神配合的，人不可分开。"法利赛人说："这样，摩西为什么吩咐给妻子休书呢？"耶稣说："摩西因为你们的心硬，所以许你们休妻，但起初并不是这样。我告诉你们：凡休妻另娶的，若不是为淫乱的缘故，就是犯奸淫了；人若娶那被休的妇人，也是犯奸淫了。"

　　从上两段经文中，我们可以看到耶稣对婚姻的基本态度："神配合的，人不可分开。"（6节）但我们也看见第9节耶稣说到一个特殊状况："若不是为淫乱的缘故，就是犯奸淫了。"显然，配偶犯奸淫的情况是一个特例，否则耶稣就可以说："任何情况都不可离婚。"为何他要提到"为淫乱的缘故"？我们相信这是耶稣在不可离婚的条例之外给受害者的一条出路。因此，我们可以从另一个角度来理解这段经文的意思——"若是为淫乱的缘故，休妻另娶的，就不是犯奸淫了"。

　　在此我们可以感受到，耶稣怜悯那些遭遇配偶犯奸淫的受害者，用特例为他们开出路。因此，我们没有资格用比耶稣更严格的标准去评判他们，更不应该随便定他们"离婚"的罪。今天，在少数的华人教会中还有"不允许离婚或再婚者"领圣餐的事！将离婚的人全都视为二等公民的做法是不分青红皂白的。这不等于是对那些"配偶犯奸淫的受害者"的二次伤害，在他们的伤口上撒盐吗？

从爱心的角度来看，我们应该给人悔改的机会。因此，我并不建议在发现对方有淫乱时立刻就离婚。对方若有悔改之意，我们应该再给他机会。爱是恒久忍耐，又有恩慈，让我们学习像耶稣在《约翰福音》8章11节中对那行淫的妇人所说的："我也不定你的罪。去吧，从此不要再犯罪了！"

不过有资料统计，外遇的回头率只有5%，这是指外遇者能完全离开第三者，又能与原配和好如初的情况。就我个人的经验来看，复合的几率虽小，但靠着上帝的大能与恩典，依然有很多成功的例子，也有非常美的见证。无论结果怎样，都要相信神的恩典够我们用。不要过分关注结果，这样会限制上帝的工作，也会使我们陷入自以为是的试探之中。

三、暴力伤害的情况

耶和华以色列的神说："休妻的事和以强暴待妻的人都是我所恨恶的！所以当谨守你们的心，不可行诡诈。"（《玛拉基书》2章16节）这里讲到"休妻"和"强暴待妻"都是神所恨恶的，是把"离婚"和"家庭暴力"放在同一水平上。并且，在现实中，我们发现家暴常常会危害到个人的生命安全，是十分严重的问题。在许多国家的法律中，警察有阻止家暴行为的权力和义务，并借由社会为被害人提供庇护所。也有国家明文规定，医师、婚姻家庭及心理治疗师、教牧辅导等专业人士，若遇到家暴的个案不通报警方是违法的行为。

我的观点是：如果确定是家暴的受害人，那么，为了自身及孩子的安全，要离开配偶暂时独居。如果这样还不能解决问题，而受害者希望通过离婚来保人身安全，教会的牧者恐怕不应当苛责他。因为有一天若他们发生意外，我们不就成了帮凶了吗？我们当然不希望离婚的事情在教会中发生，但是也要尊重受害人的感受，积极地面对现实，解决问题。我们不能一味地叫受害者"忍、忍、忍"，"死都不能离婚"。若最终导致自杀或他杀的悲剧发生，我们将如何向上帝交待？

当然，《圣经》中也有一位旧约人物，叫何西阿。他的妻子虽然不断犯奸淫，但他依然愿意不离不弃，爱她，接纳她。因此，在是否能离婚的问题上，专业辅导没有资格替个案做决定。我们更不能只简单地给一个"可以"或"不可以"的答案，而是要尊重当事人自己的感受，陪着他走过这段艰难的路程。面对配偶的外遇，也许有人可以忍受20年，但也有人可能只能忍两天。因此，一般人在挣扎的时候，我会鼓励他们好好祷告，思前想后，让他们根据《圣经》的原则，做一个自己不会后悔的决定。在离与不离之间的挣扎、煎熬是痛苦的，因为两条路都不好走！

基督徒要尽自己的本份和责任，去努力经营和维护婚姻家庭，但也要把结果交托给神，面对现实，勇敢前行。在这里我向大家推荐一本很好的有关外遇的书《上帝的花园》。此书已经拍成一部24集连续剧，剧名叫《用心过日子》，在中央电视台播放过。其中，五个女人都面对配偶的外遇问题，但有五种不同的结局。我推荐这本书是因为我认为，配偶有外遇的婚姻好像一个棋盘，经过不同的互动会产生不同的结果。当结局不是你自己所期望时，不是神不听你的祷告，而是神给每个人的带领可能不同！有些基督徒在这条路上跌倒，常是因为他们认定只有一种答案、一种结果，觉得上帝一定能把外遇者挽回，却不晓得上帝造的不是机器人。他给人自由的意志，人要为自己的决定负责，将来要向上帝交账，面对他的审判。

以上关于基督徒处理离婚立场的论点，可以用图6-1来表达：

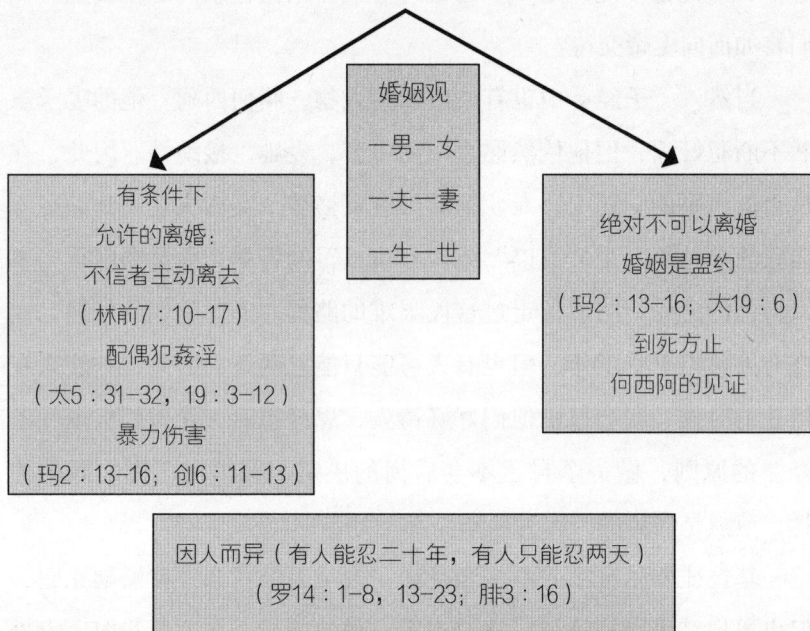

婚姻观

一男一女

一夫一妻

一生一世

有条件下允许的离婚：
不信者主动离去
（林前7：10-17）
配偶犯奸淫
（太5：31-32，19：3-12）
暴力伤害
（玛2：13-16；创6：11-13）

绝对不可以离婚
婚姻是盟约
（玛2：13-16；太19：6）
到死方止
何西阿的见证

因人而异（有人能忍二十年，有人只能忍两天）
（罗14：1-8，13-23；腓3：16）

图6-1 基督徒处理离婚的立场

7

失婚者的健康之路

　　失婚者应当做好自身的心理调适，首先是承认、接受事实，让情感得到医治；然后是学习独立成熟，并最终能勇敢地迈向新的人生。在这个调整适应的过程中，失婚者需要知道如何面对婚变重创，让自己从情绪伤痛迷惘中走出来，进入复健期，更需要以理性来面对婚变的历程，在再度单身后，获得成长并进一步成熟。

　　以下是一些具体的方案。

一、适度表达情绪

　　通常主动提出离婚者痛苦较小，而被迫签字或被抛弃者则会经受极大的痛苦。心灵深处的伤口需要较长的时间才能治愈，因此要允许自己有哀伤的过程，经历不同阶段的情绪反应（震惊、愤怒、妥协、抑郁、接受……），让情感得以抒发，但也不要一直深陷于自怜之中不能自拔。

二、重建积极思想

要能够在逆境或危机中看见机会，不被环境击倒，要细数你所拥有的一切并且为此感恩，而不要为自己所失去的自怨自艾。要调整自己的心态，正确面对困难。

遇到苦难时，人们一般有三种选择：

（1）怨天尤人：从此带着批判、愤世嫉俗的态度来度过人生。如果选择这样生活，恐怕连孩子都会受到不良影响，尤其在孩子青春期时会显得特别叛逆，因为他们看到的是抱怨而不是饶恕。

（2）无奈悲观地接受命运：认命或自认倒霉的消极态度。这样的态度使人从此生活在阴影之中，甚至错误地以为是自己上辈子欠的债，将自己压得永无翻身之日。

（3）积极地接受安慰医治：化腐朽为神奇，化悲痛为力量，将自己所遭遇的苦难转化成对别人的祝福。

三、勇敢挥别过去

面对回忆，无论是美好还是伤痛，都要勇敢地划上句号，朝气蓬勃地活在当下！要坚强地面对这不请自来的新改变，接受现实，摘掉结婚戒指，勇敢地开始再度单身！记住，单身并不等于孤独。

四、规划自己的人生

不要将思绪聚焦在感情问题上，整天琢磨是单身、复合，还是再婚。最重要的是要找到人生的意义与价值，追求生命的成长。若孩子已经长大，不用操很多心了，就可以培养一些自己健康的爱好，如参加一些艺术活动或进修外语等，也可以将精力放在以前没时间或没机会做的事上，如到医院、老人院、孤儿院或其他非营利机构做义工。总之，要有目标，但一开始目标不一定宏大，可以先从小目标开始。

五、建立支持网络

要从日常生活中走出去，建立自己的资源网络系统，从而避免自己陷入孤立无援的境地。支持小组、可靠的知己益友，甚至书籍、网络资讯等，都可以成为自己的动力"加油站"。积极参加适合自己的社区成长团体、社交活动，让自己愈活愈充实。生活上如果有困难也可以找人帮忙。比如，照顾和接送孩子、帮忙做饭、财务咨询，甚至仅是倾听或陪伴。有可靠或心仪的人也可以倾吐，但切勿因错误的动机而进入新的爱情漩涡，更不能将他人当作替代品来填补失婚后心灵的空虚。

六、寻求专业人士的协助

要敢于求助于专业机构，进行心理辅导，愿意寻找机会疗伤，去除心中的怨恨，医治心灵的创伤。这时如果有专家或医师的陪伴，会收到事半功倍的效果。

切盼每位失婚者都能勇敢地走过人生的风暴与噩梦，不再自怨自艾，积极地活出生命的色彩！

谈 离婚
单亲与再婚

柳暗花明
走过 婚姻风暴

单亲篇

单亲有三种：第一种，因伴侣的死亡而丧偶的单亲。第二种，因为离婚而造成的单亲。第三种，称为"假性单亲"，即在婚姻的状态上虽是已婚，但实质上过着和单亲一样的生活。例如，配偶长期有外遇，夫妻长期分隔两地、分居，一方在监狱或有精神疾病等，或名存实亡的婚姻。当然还有未婚妈妈、单身领养孩子等特殊状况。

21世纪全世界共同的社会问题就是作为社会最基本单位的家庭的解体。婚姻危机让人产生巨大的心理压力，家庭若支离破碎将对个人、家庭、社会带来许多负面影响。没有一对夫妻是为了离婚而结婚的，但是时代的改变、社会的不良现象，让我们不得不承认婚姻的经营与维持不容易，愈来愈高的离婚率就是一个明证。如果没有好的防范与治疗，许多损失与伤害将是很难避免的。本篇将以较大的篇幅探讨婚变后的单亲家庭所面临的问题及相关辅导。我们还是借着案例来研习吧！

这个个案的主角周红曾经是我的同事，她走过自己人生的死荫幽谷之后，已经从个案成长为辅导老师，现任角声护家中心的主任，帮助许多在婚姻中受伤的人走出阴霾，进入人生佳美之地。

8

天哪！我成了单亲妈妈
——周红的真实故事

"我不明白为什么这封信会到我的手上？"那天天气晴朗，孩子有保姆照顾。我一个人冲出了家门，大声向苍天呼喊："到底发生了什么事？到底发生了什么事？我的孩子才一岁呀！到底是为什么？"

我出生在中国内地的一个知识分子家庭，父母亲都是医生。我从小就很喜欢读书。父亲在"文化大革命"时遭受磨难，我幼小的心灵也因此受到打击，面对世界，我的心里充满了疑问和惧怕。此外，我从小就看到很多家庭的破裂，都是因为丈夫外遇造成的，于是对男人有一些偏见。上大学的时候，追求我的男孩子都被我拒之门外。大学毕业后，我被分配到一个研究院工作。三年后，我被派遣随团去德国做专职翻译。一年半后，我再次应邀去德国做了两年的研究助理。

一转眼就到了29岁，我虽然不怎么渴望婚姻，但是随着同学一个个结婚，也开始觉得应该要完成这件终身大事。后来，我辗转到美国留学。专心致志读了两年书后，经姑父和姑姑介绍，我认识了一位门当户对的男孩，他在湾区一家公司当经理。我们两家都是知识分子家庭，他的父母在"文化大革命"时也受过磨难。他在美国奋斗了十几年，从学士学位读到硕士学位，人很稳重，学识渊博，英文又好，而且一表人才。这一切给我留下了很好的印象，我开始喜欢上他。那时候，他已经有了工作，并且愿意支持我读书。交往一年以后，我们就订下了终身大事。

当时的我，很不成熟，不懂得选择另一半的真正标准，只凭着世俗的眼光看人。虽然结婚之前，心中隐隐不安，甚至空荡荡的，很想找个人来谈谈，却也没有真的去寻求婚姻感情方面的专业辅导。其实，那时的我还不懂什么叫婚前辅导，对这方面茫然无知。我曾向一位朋友倾吐内心的困惑，她说："你需要有人给你辅导。记得我永远是你的好朋友，若你们决定结婚，最好在教堂举行婚礼。"于是我就对未婚夫表达了这种意愿，他虽然不太愿意，但仍顺着我。两位姊妹虽与我素昧平生，但帮我在教堂举办了盛大的婚礼，她们的爱心使我非常感动。

> 大多数人在结婚之前很少甚至根本没有经营婚姻的意识，只是凭自己的直觉或一些外在条件就决定终身大事。其实在进入婚姻之前应该接受专业的婚前辅导，包括认识自我、了解对方、双方原生家庭的影响、个性及性别的差

异、沟通的障碍和技巧、分手的艺术等。做好婚前准备是进入幸福婚姻的前提，专业机构可以提供帮助。

危机的开始

1993年初，美国经济不景气。当时，我们结婚才四个月，丈夫对我说，他的公司要结束营业，老板要回马来西亚，老板希望他一起去中国内地和香港地区做贸易。当时我的心中非常不愿意，因为我们才刚结婚，还没有好好享受婚姻的甜蜜。我说："你可不可以不走，在美国可以随便再找份工作，何必跑那么远，我希望和你在一起。"但他坚决地说："我已经做了决定。"

等他到香港面谈之后回来，已经是6月初了，他说他很喜欢这个在中国的联合企业。他在那里不仅很有前途，而且能赚很多钱，只要签两年合同，期满后就可以回来。我想反正两年期满时夫妻就可以团聚，便答应了。

就在此时，我发现自己怀孕了。肚子越来越大，眼看他收拾行李，我问他可不可以等我生完孩子再走，可是他说必须要赶去香港报到。当时我心里好难过，只好挺着个大肚子开车送他到旧金山的机场。

从此，我就带着身孕留在美国，辛苦地过着每一天。记得有一次去店里买西瓜，因为肚子的重量，身体向前倾倒，西瓜掉到地上摔破了。还有一次，我买完牛奶后，把牛奶放进冰箱时肚子碰翻了里面的鸡蛋，弄得满地都是蛋渣。我逐渐尝到丈夫不在身边的辛苦滋味。然而，为了他的事业，想到合同又只有两年，我就只能忍受这一切。

寂寞却不孤单的产妇

我的身体开始变得很虚弱，胎儿压到我的胃，令我喘不过气来，那时离预产期还有两个月。当时我在攻读硕士学位，同时还要打工上班，鉴于身体状况，只能对老板说不能再上班了，必须留在家里。那时，我多么希望有人能在旁边陪伴我。在预产期前三周，孩子提前来到，那天深夜，姊妹开车过来把我送到医院。当时已是凌晨三点钟，丈夫不在身边，姊妹们就轮流在医院里足足陪了我24个小时。到了次日中午一点钟，打了催产针，孩子才生下来。生孩子的过程中，师母和姊妹们一直守在我身旁，握着我的手，让我深深体会到暖暖的爱。

回家以后，姊妹们又替我请来一个来自台湾的护士妹妹，陪了我三个星期，直到丈夫赶回来。他在电话中得知兄弟姐妹这么地爱我，又给我炖鸡汤补身，又来家里陪我，深受感动。但他回来没住几天就又回中国去了。我仍然一人带着孩子，留在家里，常常独自难过落泪。

毅然飞奔中国

我很盼望丈夫能结束这个合同，早点回来，一家人团聚，永不分开。一个姊妹在电话中提醒我说："你知道吗？你太单纯了，现在中国是什么样的状况？你丈夫对你很好，可是，分开久了，就很难说，你要赶快回去陪他。"我就在电话中和丈夫商量，打算带着孩子一起回去，他说："好吧！你就回来吧。"在儿子满四个月的那一天，我买了机票回中国，他为孩子买了一张小床，我也见到了素未谋面的婆婆，她是八十多岁的老人家，这是我第一次面对婆媳关系。

我想好不容易和丈夫在一起，一定要珍惜。可是，在中国住的几个月，他不停地到东南亚出差受训。有一天，他问我："你要不要回娘家去？我要常常出差，你一个人也很不方便。"夫妻是不应该长期分开的，为什么他要我回娘家呢？虽然我想不通，但还是顺从了他的意思，带着孩子，回到老家成都。

这么一来，就算丈夫回到北京，我也见不着他了。我发现我们的沟通出了问题，开始发慌，想要和他好好谈谈，便与他一起回美国度假。在这个难得相聚的机会里，我们接受了婚姻辅导，但时间太短，很快又飞回了中国。飞机上，我对他说，我想搬回北京，一家人在一起，他没说什么话，一副心事重重的样子。最后，他回答我说："你还是先回成都，照顾好我们的孩子，我会给你写信的。"为什么有话不能当面讲，非写信不可？我的心里疑虑重重。

一封快信

几天之后，听到父亲叫我："周红，你有一封快信。"拆开一看，这封信是用英文写的，上面说："亲爱的红，我很抱歉，我不能不对你说实话，我已经不像两年前那样地爱你了，我现在有了新生活，这不是你的错，也不是孩子的错，也不是我们双方父母的错，只是我的决定。"就这么几句话就要我接受这个现实。他又说："我知道这对你是一个很可怕的打击，但是我不得不老实告诉你，这是事实。"

我不明白这是什么样的信！那天虽然天气晴朗，但是这封信带给我的却是晴天霹雳，我觉得自己好像身临暴风骤雨之中。我呼天抢地："到底发生了什么事情？到底发生了什么事？我的孩子才一岁呀！到底是为什么？"我的眼泪不住地往下掉。

我站在大草地上，仰天呼喊，只觉得叫天天不应，叫地地不灵，然后神魂颠倒地回到家里。我不愿让任何人看到这封信，父母问我是什么信，我把信藏在枕头下，对他们说，没有什么事。看着可爱幼小的孩子，我觉得前途渺茫。保姆看见我的眼睛红肿，想安慰我，但我不想和任何人讲话，除了我姐，因为她比较能理解我的心情，也愿意聆听。

一个周末，姐姐来看我，我把信拿给她，她就说："你不要急，可能是出了一些问题。"那时我还没有想到他会有外遇，但是，姐姐了解世事，她说："我猜他有了外遇。"我说："不会吧！是不是婆婆从中挑拨？是不是有别的原因？是不是我这做妻子的做得不好？"我一直埋怨自己不够能干，还假设了很多的事情。如果是婆婆不谅解，我决定回北京，和婆婆好好相处去弥补缺憾。我思前想后，怎么样都不愿意猜测他有外遇。

后来丈夫打来电话，问我有没有收到那封信，我不愿意接受这个事实，就说没有收到，他说是一封快信，我说："我不知道你说的是什么？"他说："好吧！那我就再寄一封给你。"我问他到底要告诉我什么事，他也说不出口，只说："等你看了信再说。"

两天后，又是同样的快信，第一封信是秘书替他寄的，这一封信是他自己亲自寄的，只是日期不一样。我看了这封信，全身发软，站都站不稳，看来事情是不可能再挽回了，他早做好准备，才写出这封信。但是，我不死心，还想要挽回。过了不久，他再次打来电话询问我是否收到信了，这时我已不能再骗他了。

这是我有生以来所经历过的最大的伤害，我觉得自己在某方面出问题了！我放声大哭，感觉自己被狠狠地痛打了一顿，只是被殴打的是我的心，而打我的是我的丈夫！

我抱着孩子和母亲、姐姐跪在房间里痛哭。

困兽之斗

我想，是不是我过去做了太多坏事才遭此报应？以前的我用功读书，从不得罪人，也不招惹麻烦，我不知道究竟犯了什么错？我开始胡思乱想，是不是因为父母特别爱我而宠坏了我？是不是我不够讨人喜欢？我不停地责怪自己。

我跪下来的时候，母亲和姐姐陪着我一起哭，她们都不愿意看到我婚姻破碎。可是，他打电话来时，我却装作没事儿似的。我说："信我是看过了，我要和你当面谈谈，想知道你为什么要这样做。"他说："好，我会飞到成都和你谈。"

他来了之后，我不想让他见我父母，就到成都的某宾馆碰面。那天，弟弟替我照顾孩子，等在酒店外。我问他："你写这封信是什么意思？请你解释一下。"他说："我只是要和你说，我回到中国做生意，发现我的人生改变了。你没有任何错，我只是想经历不同的生活。"我说："我不懂得你这句话是什么意思？你记不记得，当初我们在美国加州的时候，我们在上帝面前举行了一个盛大的婚礼，我们两人都在上帝面前定了约的，这个婚姻是永久的婚姻，是不可以破坏的。"他却对我说："这是你的约，可不是我的约。"

我又问他："我有什么事情得罪你或是对不起你吗？"他说："没有。"孩子的问题是我最没有办法面对的，我不要他成为单亲的孩子，我要他有双亲，我说："为了孩子，我请你好好考虑。"我几乎是在求他，他却说："你知道吗？孩子是可以一个人抚养的。"听到他的这句话，我就知道没有任何东西能留住他了，他已经做好了一切准备，连孩子都留不住他。

当时我几乎要晕过去，我强作镇定，但全身发抖，说："我就是不同意！"他说："我知道你不会同意的。"我继续追问他："请你告诉我，到底是为什么？"他反问我一句："你懂不懂什么叫第三者？"我大声叫道："我不懂！"他又问我："那你懂不懂什么叫做外遇？"我仍然说我不懂。他说："好，你不懂，你慢慢就会懂的。"这时我突然想起，我们到宾馆接待处订房间的时候，服务员曾要求看我们两人的结婚证，他就说："我到广州、上海住宾馆，从来没有人要看我的结婚证。"我吃了一惊，我并没有跟他去过广州、上海，原来他在旅馆和别的女人睡过觉。我们谈话的这段时间，我弟弟一直守在酒店外面的车子里等我们，他非常希望我们的婚姻能够起死回生。

这时，我还抱有最后的希望，于是鼓起勇气，飞回北京去见婆婆，希望能挽回这段婚姻。婆婆发觉儿子在外边出了事情，就很热情地接待了我。婆婆没有讲什么话，只说："我不希望你们的家破碎。"我的婆婆变得和以前不一样了，她看到可爱的孙子，很愿意出面帮助，和我站在同一阵线。我也很高兴能服侍婆婆，对她加倍体贴。我丈夫从深圳回来，竟对我说："谢谢你这样照顾我的母亲，但我已经不需要了，你还是赶快回美国，去过你自己的生活吧。"他这一句话让我知道，这段婚姻完全不可能再挽救了，但是，我还想再试一试，就对他说："我们可不可以再谈一次？"他说："可以呀！我们还可以再谈。"可是他一直找理由回避我。如果我在晚上找他，他总是说："对不起，今天我没有力气再和你谈，以后再说吧。"他每天都是早出晚归的，就这样拖了好几天。

我天天哭哭啼啼，吃不下饭，连吞咽都困难，一直瘦下去。有一天，我在喂孩子吃饭时，泪水模糊了眼睛，竟把食物喂到了他的鼻子上。因为受到打击，我的身体开始变差，无法吸收营养，体重在一星期内直线下降。

心如刀割的抉择

我该怎么面对人生，丈夫是高薪的副总经理，我是没有工作的家庭妇女，我要不要抚养这个孩子？我养得起他么？我知道这段婚姻已经无法挽回。但是，我还是不肯放弃，一方面设法挽救，同时也考虑要不要抚养孩子。我请教了几位长辈，有人劝我："快快读完硕士，站起来后，找个人嫁了，再回来带孩子。"也有人劝我说："你赶快回美国，已经没有别的路可以走。"

虽然我想带孩子走，可是身体支撑不了，只好决定先把孩子留下，等自己振作起来再说。自从孩子出世，一直是我亲自喂他，替他换尿布，现在要完全离开他，真是心如刀割。上飞机之前，我吻了孩子，换了最后一块尿布。心想，我一定要尽快回来看他，把他带到美国。

如果在这个时候有专业的辅导介入该多好，至少可以使周红少走很多弯路。她应该留下来，在离开丈夫不远的地方守望，也可以得到家人的照顾。她还可以了解当地的法律，寻找合法的保护。我们不能担保她的婚姻会保住，但是她和孩子会少吃很多苦。我相信当时帮助她的姐妹们都是怀着一番好意的，但是她们并没有经过专业的辅导训练。

孩子是不能轻易放弃的，更何况在现实生活中孩子往往是母亲的精神支柱。我们建议母亲尽量不要离开自己的孩子，将其交给有外遇的一方抚养，而是应该帮助她们争取抚养费。在很多国家，分居期间可以向法院申请孩子的抚养费和生活费。就算没有这样的法律保护，也可以私下协议。先不要一口咬定就是不肯离婚，而是持一个开放的态度，不使双方的关系搞得太僵，这样很多事情就有协商的余地。

维持婚姻需要双方共同付出努力，不是单方面可以决定的事情。我们处理问题需要有弹性，遇到问题时，不要自己仓促做决定。周红就这样拖着虚弱的身体回到美国，没有多久，又心力交瘁地回到了中国。就这样，她像一个断了线的风筝，被苦难的风吹来吹去。

到了美国后，一想到孩子我就会哭。我天天想他，虽然回到了校园，攻读硕士学位，可是，根本心不在焉。教授在上面讲课，我在下面流眼泪，一点也读不下去。有一天，一个姊妹对我说："我看你不要再读书了，你还是应该好好地去做妈妈，何必忍受这个痛苦，赶快出去赚钱，找个地方住，养活你们母子俩。"我的体力不够，胃肠也不能吸收营养，一天天瘦下去，最后只好退学。那个姊妹很有爱心，让我住进她家，我只需付一点水电费。于是，我就留在了她那里。

不久我收到丈夫的一张明信片，上面说："恭祝圣诞，新年快乐，我请求和你离婚。"才短短两三个月，他就又要催着我离婚。我看到这张卡片，看到"离婚"这两个字，又是吃不下饭，痛哭流涕，无法接受这个事实。

得回儿子

我那时已有工作，而且很思念孩子，像以前一样，泪水常常湿透枕头，我会梦到一只小羊，非常可爱。我向它叫着我儿子的名字，它突然从山上跳下来，跌入山沟里，我再叫，它就听不见了，我再也看不到这小羊了。每次梦醒，我就痛哭失声。

一方面，我的身体仍然还不够健壮，从健康和经济能力上均无法一人带孩子，这是很现实的。另一方面，我又很爱孩子，迫切盼望能与孩子一同生活，心里极其难过，"要不要抚养孩子"这个问题就这样常常烦扰着我的心。

经过许多天内心的挣扎，我终于决定把孩子要回来，就找了律师办理这件事。三个月后的一天，律师对我说："你的孩子现在已经到美国了。"我很震惊，不敢相信，赶快到律师大楼，把孩子接回来。一看到孩子，我就抱着他哭，好像多年没见似的，孩子也紧紧地抱着我。

孩子来到美国，他的第一个问题是："妈妈，让我看看我们的家在哪里？"我对孩子说："你来看看我住的地方。"他说："我不要看住的地方，我要看你的家。"孩子才两岁多，就能问这样的问题。我决定给他一个属于自己的家，于是搬到一个新住处，里面没有家具，连床都没有，空荡荡的。孩子说："这是我们的家吗？"那天晚上，我们打地铺住了下来。

蜡烛两头烧

从此，我就是单亲妈妈，要过很艰难的日子，这该怎么过呢？我不好意思求别人帮忙，只好自己撑着一切，白天上班，晚上照顾孩子。由于身体没有完全恢复，一两个月以后，我实在承受不了了，便倒在了床上，孩子叫着："妈妈，我要喝奶。"我只好勉强起来，打开冰箱门的时候，我突然想到："如果我这口气断了，孩子连楼都下不去，门也不能开，我们母子二人死在房间里，恐怕也没人知道！"我也不知道该如何往下走，脑海中甚至浮现出一个念头，把孩子送去孤儿院。

最后，我还是鼓起勇气，打电话给一个姊妹，告诉她我的困难。我没有力气了，求她暂时照顾孩子。她说："好啊！你就让他在我这边过夜，你可以不用来看他。"我睡了两天，觉得体力恢复了些。因为惦记着孩子，就开车过去，隔着窗子张望，这样一连五天。那个姊妹一见我就一直给我打手势，叫我快走，回去休息。她看我不断过来，就对我说："你天天跑来，怎么休息呢？你还是把孩子带回去算了。"

我和孩子就这样相依为命。他两岁多就非常贴心，每晚都提醒我关好门窗，不然就自己去巡视一回。日子就这么一天天过去了，孩子4岁的时候，我觉得自己还是应该回去读完书，现在的工资一小时只有几块钱，这样下去，怎么养活孩子呢？我一定要自己奋斗，学实际的技术，找到薪水高一点的工作。就这样，我常常在家、公司和学校三处跳来跳去。

柳暗花明

自从人生走到绝路以后，我就开始认真思考自己的人生。儿子满5岁时，我终于找到了一份很好又有规律的工作，离家还近，下班后可以和孩子一起吃饭、做功课。这个工作与我的专业较对口，又能帮助人，很有意义。就这样，我们母子的生活虽然艰辛，却过得平安喜乐。孩子一直都很听话，功课又好，在小学曾连续三年得到总统奖。我的身体渐渐康复，而且还买了一幢房子，孩子的教育环境良好。如今孩子已经16岁，高中十年级了。他健康喜乐地长大了，如今也能在社区参与很多公益活动了。

我为上天赐给我的一切感恩，这使我有勇气处理之前不敢面对的事情，即使经过死荫的幽谷，我也不害怕。现在我仍是单亲妈妈，却是个快乐的单亲妈妈。

　　从周红的故事中，我们看到，离婚的打击几乎让人丧命，单亲的日子多么艰辛，但也看见信仰所带给她的力量。她现在不仅是一位快乐的单亲妈妈，而且成了辅导单亲非营利机构的领导，给许多有着同样经历的人们带去深深的祝福。她的经历正如《诗篇》84篇6节所形容的：她们经过流泪谷，叫这谷变为泉源之地，并有秋雨之福盖满了全谷。

　　从周红的心路历程我们可以看到单亲生活的不易，失婚之痛的刻骨铭心。这种坎坷，只有过来的人才能了解。让我们大家一同来体会单亲的处境，并关怀他们。

9

单亲难为
——单亲面对的压力

没有人愿意成为单亲，但单亲的数目在当今社会却是有增无减。下面我们来看看他们大体上会面对哪些压力。

一、情绪困扰

单亲常常情绪起伏较大，还会不断反复地回想，重复诉苦。我们要允许单亲抒发郁闷的情绪，纵使他们常常重复相同情节的故事。单亲最好能建立起自己的支持系统，在情绪低落时能找到24小时都愿意听你倾诉的人。当然最好是找受过专业训练的人，或者求助于社会上的一些辅导机构或者辅导专线。此外，情绪常常会影响日常生活，比如说会影响睡眠，长期失眠会造成心神恍惚等，这时一定要小心，避免出车祸或拿罚单等不幸的发生。有一位女士在她经历沮丧期时，曾经一个月内拿了七张罚单。更严重的情况是，有些单亲沮丧到想要自杀，若有自杀念头就务必要尽快看医生了。

另一个需要注意的问题是移情倾向。因为在情感最脆弱时，任何人（异性或同性）的安慰都容易造成替补现象。这时候的爱情可能只是同情，或者是感激之情而已，要特别保持清醒。

二、自我形象的贬损（自卑）

离异若是由于配偶外遇造成的，那么被遗弃的一方通常会因过去配偶所说的贬损的话而自卑。那些不好听的话会像录音带般重复，一遍又一遍地播放着，自我形象也随之受到严重贬抑，内心容易出现这样的自我对话："一定是我的错，我真没用，我比不上……"在社交场合也常常会努力逃避人群，或者不敢公开自己单亲的身份，甚至想要搬家，逃离现在的环境。

要知道外遇的一方为了使自己的行为合理化，通常会找许多借口来推卸责任，如："她不体贴关心我，她不温柔，她都不料理家务……"以前的优点现在可能都成了缺点。前面也提到过，曾经有一位女士告诉我，她的前夫在外遇时，对她说："你知道吗？你连笑起来都很难看。"这句话简直离谱到无稽，我到目前为止，还没见过笑起来难看的人！这位女士长得非常漂亮，但就因为这句话，却使她不得不花很长的时间来医治心灵的创伤，重新建立健康的自我形象。

三、子女教育的担忧

单亲在面对孩子的管教上，如何同时扮演爸爸和妈妈两个角色？当学校老师说孩子行为有些异常时，单亲家长就很自然地会担心孩子的人格发展是否健全，也会担心父母的离异对孩子将来的婚姻是否会造成影响。

四、生活、经济的压力

婚变后谁搬出去？一个人如何面对房贷的压力？也许要打两份工才够开销？如果配偶不付孩子的抚养费怎么办？美国的法律相对来说比较有保障，儿童福利院可以强制从对方的薪水中直接扣除。如果仍然拿不到这笔钱，对方的驾驶执照就不能更新，甚至进美国海关时也会有案底……但是，防不胜防，有些人还是会不负责任地一走了之。碰到这样的情况，也就只能像黄维仁博士所说的："自认倒霉，接受现实，庄敬自强，处变不惊，自求多福，审思成长。"事实上，许多单亲真的是过着十分艰辛的日子。

五、社会的眼光

头衔的改变，从前是"王太太"，现在是"张小姐"，连社交圈也会随之改变。有些单亲感觉自己在社会上地位下降，好像有个标签贴在身上。离过婚的女人，有时甚至在参加社交活动时，也会觉得有些太太的眼光一直停在她们身上，好像担心自己的丈夫会被抢走似的。

六、家人的不谅解

有些单亲也许父母当初就反对他们的婚姻，因此婚变后害怕告诉父母，惟恐他们会说："谁叫你当初不听我们的话……"另外，如果比较极端、传统保守的父母还会说："你要是离婚，我们的脸往哪里放？我们家没有一个离婚的……"这些都可能带给失婚者极大的压力。

七、离婚官司的烦恼

婚变的过程中常会牵涉法律的部分：找哪一位可信、可靠的律师；财产的分配，争取孩子的监护权，向配偶（要）多少赡养费……这些恼人的诉讼所花的时间及费用，都是很多人始料未及的。更何况让儿女看着父母对簿公堂，又是何等的残忍！

我常劝失婚者要打起精神，见律师前先想好或先写好要咨询的事情，免得哭的时间都要算钱。如果这个婚姻真的无法挽救，非离不可时，我个人的立场是双方能理性地协议离婚，宁可将打官司的钱省下来给孩子，也不要彼此伤害，因为一旦上了法庭都会显出人性的阴暗面。当然，如果一方硬是不肯公平、公义，也不要怕面对司法程序，而应尽力争取你应有的权益。

10

风暴经历
——单亲的情绪反应、哀伤阶段忧郁及焦虑的自我检测

离婚的冲击像什么？好像一颗子弹击中瓶子，一切的美梦都粉碎了。又像突如其来的地震，惊天动地，不仅影响自己的生活，还会牵连家人、朋友，在身体、心灵、生活、经济上都会受到极大的重创。变成单亲的日子很不好过，因为世界不再一样：夜深人静时不再有枕边人，做重大决定时没有人可以商量。这种挣扎、痛苦就像心绞痛、像被人拿刀刺入内心般，只有过来人才能真正体会。

这些情绪就像伊丽莎白·库伯勒·罗斯博士（Dr. Elisabeth Kubler-Ross）在她的《论死亡和濒临死亡》（*On Death and Dying*）一书中论述的一样，当人们面对重创（如：医生宣告病人得了绝症）时，会经历五个主要哀伤（Grieving）阶段。这种哀伤是一种循环（Cycle）的、起伏（Up & Down）的历程，研究哀伤的学者认为正常情况下哀伤者会反复经历以下五个阶段。

一、震惊否认期

失婚者因为无法面对现实而处于震惊状态，有时会发呆，魂不守舍。不相信事情真的已经发生在自己身上，心中老是想："这是真的吗？怎么可能发生这种事？这是怎么回事？我是不是在做梦？甚至下意识地会在梦中回到从前……"一般人常常不能或不愿意接受婚变的事实，有些人甚至外表装得很坚强，以此来掩盖心中痛彻心扉的哀伤。有些人突然失去配偶，好多年都不敢去动死者房间里的物品，不敢承认另一半不在人世的事实。甚至有些失婚者十几年仍不愿将戒指拿掉（除非只是想避免别人骚扰），这些都是这个阶段可能有的特征。

二、愤愤不平期

将挫折哀伤转变成莫名的愤怒，甚至怨天尤人，内心世界会一直反复自问："为什么是我？像我这样的人为什么会遭遇这种事？老天爷怎么可以这样对待我？"他们也常会找个为整件事情负责的对象，并归罪于他人（都是我婆婆，都是那个狐狸精……）或环境（都是他去异地……），当然也可能会生自己的气而怪罪自己。如果离婚是因为配偶的背叛，配偶又在离婚过程中给自己带来言语、行为上的伤害，失婚者的心里就会有更多苦痛，进而不能饶恕对方，甚至想报复。即便没有行动，也会在脑海中"想杀死对方"或者"诅咒对方"。

因此，有人开玩笑说："失婚者，尤其是被外遇者遗弃的受害妇女们，她们可以合写一本书，书名就叫《一千种杀夫方法》。"许多失婚朋友都坦承，在那段苦痛的过程中，都曾想过做一些傻事，也有人是潜意识地发泄（在梦中拿枪或刀杀人）。有一位男士也说到自己在失婚的过程中，参加宴会见人们谈笑风生时，他的心里都有莫名的愤怒，怎么也笑不出来，还生气别人为什么在他伤心时那么开心。

三、思绪混乱期

这个阶段的人会活在一种悔恨中，常想"如果……就不会……"，"当初如果……就……"。在承认事实与拒绝事实之间摇摆，甚至企图修改事实或寻求弥补。例如，移民造成夫妻两地的分居，然后因一方外遇而家庭破碎者，就可能反复悔恨当初不该做移民的决定。丧偶者也可能会自责："当初是我疏忽照顾他（她）的健康，我应该……"外遇的配偶有时甚至会说："如果上帝能将我的老公挽回，我就……"但事实是，再多的悔恨也改变不了现实！

四、低潮沮丧期

当慢慢发现既成的事实无法改变而心理上又无法接受时，丧偶者就陷入一种无助、无奈的情绪里。有时候会吃不下，睡不着，不想起床，疲累，没劲，一说话就想哭，失望痛苦、认为生命失去意义，甚至想以死来一了百了……在这里，附上一张自我情绪测试表，如有兴趣可以做一做，帮助你更多地了解自己的情绪。如果你是辅导人员，也可利用它了解当事人的情绪状况，帮助失婚者辨别是否有忧郁或焦虑症，如果严重一定要寻求专业人士或医师的协助。

忧郁自我检测

若有以下情况请打勾（√）。

____1. 我时常觉得心情沉重，闷闷不乐。

____2. 我在人前常想哭或常暗自哭泣。

____3. 我对平日很喜欢的事物反觉乏味。

____4. 我没有食欲或食量比平常少或多。

____5. 我不想起床也不想做事。

____6. 我会莫名其妙地感到累。

____7. 我的思想不能集中，思维不像平常那般清晰，很难做决定。

____8. 我比平时易怒（莫名的愤怒）。

____9. 我有失眠的困扰（睡不着或不能一觉到天亮）。

____10. 我对未来没有盼望。（甚至想要自杀，请务必立刻找医生。）

如果你有三个或三个以上打勾（√），您在"忧郁"中；五个以上打勾（√），您得承认需要帮助！

焦虑自我检测

若有以下情况请打勾（√）。

____1. 即使晚上睡得很好，我还是常感疲倦。

____2. 虽然医生说我的心脏没有问题，但有时我仍会觉得心跳失控。

____3. 我常会失眠或睡不踏实。

____4. 我会有莫名的阵阵背痛。

____5. 我时常会因消化不良、腹泻或头痛等现象影响我身体的正常运作。

____6. 我非得靠镇静剂或烈性饮料（如：酒），才能面对生命中的某些情况，才不至于身心崩溃。我至少有一种以上的坏习惯必须戒掉。

____7. 在某些人际关系中，我会感觉紧张。

____8. 我常要工作到比同事晚，且常需带工作回家做。

____9. 私底下，我就是不相信自己能做到像别人那样。

____10. 恐慌——我有很大的恐惧与莫名的慌张。

如果您有大部分的题目打勾（√），那么您可能已存在"焦虑"的困扰了。若您想改善此状况，有以下步骤可做。

第一步：您得承认自己需要支持。

第二步：要了解您还可以选择做一些什么事来改善现状。

第三步：您需要下决心去改变。别害怕向专业人士寻求帮助！

五、接受事实期

经过一段时间的平静与沉淀，失婚者终于能接纳重创或失婚的事实，并且从婚变的过程中得到成长与学习，找到生活积极正面的意义。失婚者不再为失去的抱怨，而为仍拥有的人、事、物感恩。例如，还有可爱乖巧的孩子，有房子可住等，将来还可能去帮助与自己有同样遭遇的人。

这些情绪历程好像弹簧或螺旋状（如图10-1），常常会起起伏伏，上上下下。即便当你已经走过震惊、愤怒、妥协、抑郁、接受事实等阶段，你以为伤口已经愈合了，但某些场景仍然会再次勾起你的记忆，引起情绪反应，比如说，孩子不听话、触景伤情或寂寞孤单时。这种情绪隔一阵子回来一次，只不过感受的强度可能不一样，心情与体认也不太一样。情绪历程有时候也不会一定依照阶段

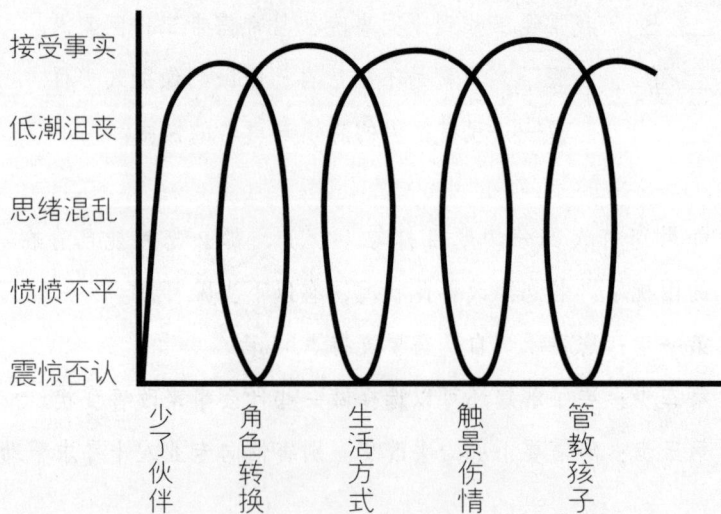

图10-1　循环现象

的次序，可能会在各阶段间摆荡，要走完全部历程，平均至少需要两年的时间。

　　当你有这些情绪反应时，千万要明白自己仍是正常人。在婚姻风暴中，每个人都必须亲身走过且经历其间的波折才能理解个中苦楚。当然，每个阶段也不能停留太久，如果10年、20年还走不出来，就要找专业的辅导帮助了。生活总要往前走，这么多的人都走过去了，深信你也能走过去。一个好的水手，一定经得起风暴的考验。人生不可能永远是常晴无雨、常乐无痛、常安无虑的，但我们要有信念，使自己在危难中得帮助，苦难中有平安，历炼中得安慰。

　　我再用威廉·华尔顿（J. William Worden）所著《悲伤辅导与悲伤治疗》（*Grief Counseling & Grief Therapy*）一书中的图表看失婚者在情感、生理、认知及行为等四方面的反应及征兆：

反　应	征　兆
情　感	震惊、孤单、伤心、生气、失望、沮丧、恍惚、失落感、焦虑、社交退缩、忧郁症、自卑、疲惫、质疑、困惑、忧虑、惧怕、迷惘、无奈、退缩、隔离、悲哀、苦痛、愤怒、愧疚、自责、疲倦、无助、惊吓、苦苦思念、麻木；轻松、解脱感（较少见，可能会在长期被虐待或受压制，又主动提出离开者）
生　理	失眠、食欲障碍、胃部空虚、胸部紧迫、喉咙发紧、对声音敏感、一种人格解组的感觉、呼吸急促、心跳加快、有窒息感、肌肉软弱无力、缺乏精力、口干
认　知	不相信、困惑、沉迷于对"失落"的思念、感到过去仍然存在、幻觉、天天活在回忆中
行　为	心不在焉、社会行为退缩、梦见过去、避免伤心事物、叹息、坐立不安、哭泣、触景伤情、搬家、撕毁相片等

谈 离婚 单亲与再婚

柳暗花明
走过 婚姻风暴

　　让我们再来看另一个丧偶单亲的真实例证，这也是一个成功的例子。当事人虽然遭遇人世间极大的伤痛，但在家人、儿女、教会团体的扶持下，她走出了困境。如果你正经历同样的苦难，深信她的故事可以鼓励你继续往前走。如果你是一位帮助者，从案例中你可以更多地了解当事人的心路历程，在辅导时增加同理心。

11

幽幽寡妇情
——淑贞的真实故事

很难相信这么健康强壮的人会罹患急性血癌，而且从病发到去世只有三天的时间，昏迷的三天。

就这样我成了单亲……

1977年9月，我和黄先生结婚了。他长得高高大大，我们是青梅竹马，小学同学。在长达十三年多的婚姻中，我们育有一个男孩、一个女孩。丈夫爱玩，爱说笑，也是一个热爱工作、顾家的好男人，我妈妈也很喜欢他。因为年轻，我们一直以为会有很多个"明天"。

突来巨变

1991年8月28日，他突然过世。他去世的前两个星期，我们一家人和公公及两个小姑的家庭还在一起合演话剧，和孩子们玩得很开心。谁也无法接受他突如其来的病逝。

他得的是急性血癌，在毫无征兆的情况下，突然在过世前三天的清晨病发昏迷。停留医院期间，只有流泪，不能言语，没有留下只字片语，却留下几近疯狂的妻子、12岁的儿子和7岁的女儿。我丈夫享年37岁。

求生求死

当时，我脑海里想的就是："我应该是求生，还是去寻死？要我活，太辛苦了！但是要我死，又不能，因为上有泪眼盈盈的爸爸妈妈，下有一对楚楚可怜的儿女。"当时有很多人照顾我，女儿才7岁，非常乖巧，每日说尽好话安慰我，叫我吃饭、洗澡，替我找衣服。我每天送她上学，她回家也会很快地做好功课。她竟还能安慰我说："妈妈，你不要怕，不要担心爸爸，爸爸在天堂了！"是的，他是在天堂，我等着有一天在那里和他相聚。

先生刚过世的头几天，我真的好不习惯，从来没有如此清静过，感觉怪怪的，实在无法接受他真的离开了，他应该不会舍得孩子的！夜深人静时，看着熟睡的儿女，一对没有爸爸的孩子，真可怜！

我无法入睡，一个人坐在窗前，远望着街角的戏院、餐厅大楼，那些地方都是我和他谈恋爱时常常去的地方，那里有我们太多太多的回忆。但如今人去楼空，我形单影只，他突然间就好像被外星人掠走一样，真的很难相信他已经走了！

感情上觉得他应该还在街上，上了班还没有回家，但是他几时才能到家呢？太不可能了！到底这是怎么回事？屈指算算，从他发病、离世到办完安息礼拜，前后仅有八天。八天前他还是活生生的，吃着儿子替他买回来的粥，还和女儿一起唱歌，晚上他甚至还对我说："真的要好好感谢你，为这个家你太辛苦了。"我当时还不以为意，但现在不能再见他了，他就这么从地球上消失了。

今非昔比

记得丈夫过世前的那一年，儿子大了，很爱和爸爸聊天，爸爸也总是当他的玩伴——打球、骑单车、讲故事，后来女儿也加入了，他们三人嬉玩的笑声常常会响个不停。但自从爸爸死后，一切的笑声停止了，儿子没有大哭过，女儿也没见哭过。

还记得他们爸爸情况危急的那一晚，我从看病（因体力不支，友人硬拖着我去看医生）的地方赶回来时，就看到孩子已站在病房门口焦急地等我。他们哭得很伤心，我知道是时间到了，我拖拉着孩子，一步一步地往前走，只听见有人喊着："扶着她！扶着她！"我们走到床前，依依惜别，我和孩子都在大哭，但后来就没有再见到孩子哭过。

直到有一天，我带孩子们坐公车，路过一个社区。儿子看着窗外，突然对我说："妈妈，你看，那一幢房子，真像我们从前和爸爸一起住的房子！"我匆忙地望一眼，"唉！真像！可惜现在留下我们母子三人，爸爸，你真狠心，你看孩子这么小，我是撑不住的。"我们母子三人在公车上，就不禁大哭起来。我知道孩子是很想念爸爸的，特别是儿子。

后遗症

每天清晨，我送儿子搭公车上学，每次上车，他都回头对我说："再见，妈妈你要小心啊！"初中的男生是妈妈的安慰。我的情绪常常失控，常常哭，常常叫，孩子很怕。儿子只好充当大人来命令我说："妈妈你不许哭，起来。妈妈你不能死的，你一死，我和妹妹就既没有爸爸也没有妈妈了。"我真的要坚强，不能死，不能倒下去！其实，孩子也是很无助的，见爸爸死了，妈妈又疯疯癫癫的，你叫他们怎么办？为了支持、保护妈妈，他们想哭却不敢哭。当时孩子们的日子过得真是辛苦！

如果时光倒流

在丈夫去世后的日子里，和孩子相处的时光中，我曾做错了一些事，直到现在我都在后悔，我愿说出来与大家分享。

我在很长的一段日子中，身体都是病恹恹的，加上情绪不好，下班回到家就胡乱煮点东西给孩子吃，煮得实在是很难吃！所以到现在，他们还常说我煮的饭菜不好吃，阿姨、外婆煮的菜是最好吃的。煮完饭后我就倒头大睡，很少和孩子沟通，更没有拥抱或亲吻他们，所以我们之间失去了一段温馨、享受的时光。孩子的功课我更没有亲自督导。这些错误，我是没有办法再弥补了。

我女儿特别懂事，成绩优秀，是全A学生，我觉得这是上天特别的眷顾，也是孩子对我的体谅。儿子虽然还很孩子气，但他总像是有使命一样，目光总不离开我，对我很体贴。但由于过去没有珍惜和家人交谈的机会，不经意间大家已成了习惯，谈天说地常有，但谈心就没有了，这真是我的一个严重失误。

单亲妈妈聚会

我在香港待了很多年，参加了单亲妈妈的聚会。第一次去参加聚会时的温馨情景还历历在目。在那里我真的很开心，一大群姊妹们互相关怀，一同唱诗、分享，同心、同步、同经历，一切尽在不言中。那种心有灵犀一点通的感觉真好。就这样，我在那里疗伤、休息。

我们当时有两个负责人，她们就像妈妈一样照顾我们。我们有什么心事、痛苦都可以向她们诉说。她们给我们的关心、照顾，有时候真觉得比亲生妈妈还要多！

我们之间互相支持，相互关怀，情同手足，谁有需要就去照顾谁。在苦海里这样的互相扶持，成了我们彼此最美的祝福。那时候，我有一个心愿，将来也要像那两位负责人一样加入抚慰和服务的行列。我尝过这种被服务的甘甜，当然也愿意再分享给别人。

无心插柳柳成荫

1998年，我移民到温哥华，参加了一个聚会，竟然碰到了我在青少年时代就认识的李宏景。后来，有好几次，他约我到超市买东西。我们一同买了几次东西后，我正式地对他说："有一件事你必须明白，我有一个19岁的儿子和一个13岁的女儿，他们是我的最爱。要是有任何事情改变，我一定会优先考虑他们，请你先想清楚再做决定。"

他说："孩子是上帝所赐的礼物，是何等的宝贵，如果有一天我和你结婚，教养孩子也是我的责任，你生的孩子，我一定会疼爱。"我们之间就这样开始了。后来，在征得双方父母及孩子的同意后，我们于1998年11月28日举行婚礼。那一天，我的教父从老远的香港过来带我进礼堂，儿子送上戒指，女儿诵读经文，男女双方亲友送上祝福。这是我做梦也没有想过的，真是何等的恩典。

"第二春"之后

谈到宏景和孩子们的相处，我更是感恩不尽。他有耐心又慈爱，常常主动和孩子聊天，伴他们做功课，还带他们去玩，去滑雪。女儿有一天开玩笑说："真奇怪，叔叔为什么总喜欢吃四方型的水果呢！"其实是我先生每晚为孩子切水果时，总把果肉先切给孩子吃，自己则吃剩下的部分！由此可以看出他对孩子有多好，儿子也常和他说说笑话，聊聊天。

曾有人问我他和孩子相处到底有没有过难处？我想了很久，想到在刚开始时是有一点的。因为大家都不熟，所以较少说话。说实话，继父一开始是不容易和孩子和平相处的，因为一直以来，家里只有妈妈，突然多了一个男人，一开始孩子怎能接受呢？

虽然开始相处不容易，但孩子的心还是很细的。跟女儿相处就较容易些，宏景是一个很有爱心的人，他关心女儿的功课，送她上学，看她喜欢什么就买点什么回家。但儿子到底大了，像个大男人了，要增进友谊，难免要花点时间。如今难挨的日子已成过去，他们已相处得十分融洽。

他们三人甚至会成为死党！孩子有时候会"威胁"我说："妈妈，你说话可不要太大声，如果叔叔反对你，我们也会反对你，我们可是永远拥戴叔叔的哦！"你们看看，我的地位是不是低很多？宏景真算是一个成功的继父，因为女儿几乎已完全被他的爱折服了。她大学选科系时是和他商量，她常常等宏景回家后才肯吃晚餐……

谈 离婚
单亲与再婚

柳暗花明

走过 婚姻风暴

　　从淑贞的经历中，我们听见一个丧偶者的心声。她虽经过一段艰难的沮丧期，所幸儿女懂事早熟，也感恩单亲聚会的姊妹们的相互扶持，她的家化险为夷，平安渡过了这场人生风暴！

12

走出阴霾
——单亲如何克服抑郁，心灵如何得以自由

案例一

　　秀婷的丈夫在一次车祸中意外丧生，留下她和两个年幼的儿子。突如其来的灾难使她觉得生命顿时失去了意义和方向。她虽然知道这个时刻自己需要坚强地站起来，但是每天早晨就是不想起床。一天下来只能弄弄三餐给孩子吃，而自己却是食之无味。以前和丈夫一同计划的未来，现在已经成了幻梦，若不是两个孩子还小，需要依赖她，她真的早就不想活了。

案例二

玉娟几乎一年多足不出户了，她无法接受12年的婚姻就这么完了。玉娟多年来一直是百分之百相信自己的丈夫，即使听到很多外遇事件，也不相信这种事会发生在自己身上。事实上，他们一直是亲友中最让人称美的一对，先生也是朋友们所公认的好丈夫、好爸爸。但自从他前年去异地发展事业，婚姻开始亮起了红灯……结果玉娟竟然不分青红皂白的就被"休"了。她恨美国的法律这么残忍，竟这么快就撕毁了这纸婚约。她恨自己当初为什么不多学些法律常识，如今也不至于这么凄苦。

是的，我们一生中会经历许多突如其来的意外或巨变，甚至迫使我们在毫无防备下就要接受它，这常会使我们不能控制情绪，甚至陷入极度的抑郁之中。我们应该如何克服困意外或巨变引起的负面情绪呢？现在我们就"抑郁"这个主题做一些探讨。

一、抑郁的现象

1. 莫名的低潮

不想起床，提不起劲做任何事，失眠，胸口痛，心慌（以为自己患了心脏病），一讲话就想哭，心如火烧，情绪起伏极大（愤怒、暴躁、困惑、惧怕、恐慌等），想自杀……

2. 逃避现实

不想见人（退缩、隔离），但越是这样就越需要有人陪伴，单亲格外需要关怀。

二、弄清抑郁真正的来源

1. 生理性

弄明白这是更年期引起的还是脑中传导物（Transmitter）的不平衡造成的。若是生理性的必须去看医生，要对症下药。

2. 心理性

心理性是指因创伤、巨变所带来的心情抑郁、低落、郁闷。若情况严重时，比如说无法正常作息或想要自杀，更不可拖延。出现这种情况，务必要去寻求专业医生的帮助。

三、克服抑郁的方法

1. 内在的方法

（1）找出抑郁的根源（表面的和潜在的）。

外部的原因可能是离婚、丧偶、被拒、失恋，或是因为孩子管教、经济压力等现实问题，但真正的原因是觉得自己没有价值，一无是处，无自信心。因此，需要重建自我形象，认定自我价值。这些都不是别人可以掌控的，一定要自己安静下来整理一下思绪，找出真正的根源。

（2）改变思考模式，从消极进入积极的思考模式。

有关这两种思考模式，一个经典的例子就是对半杯水的两种看法："还有半杯水"或"只剩半杯水"。消极和积极只是转念之间的事。

我们也应该听说过一个制鞋商的故事。制鞋商派了两个推销员到非洲考察市场。他们都看见"非洲人没穿鞋"的事实，回到公司后，各自做了报告。乐观的那位说："大有市场，他们很需要鞋子穿。"悲观者则说："没有希望，他们根本不穿鞋的。"两种判断的差别只在于一念之间，结果却大相径庭。同理，思考模式的不同决定你对人生"苦难"回应的不同——积极或者消极——你的人生也就会截然不同。

（3）肯定自己的价值。

不要因为一次跌倒就全盘否定自己的人生，跌倒了再爬起来往前走就是了。要知道，真正定义人生的失败与成功，不是针对一时，而是对一生的衡量与评价。

（4）因饶恕而得到医治和喜乐。

脱离苦毒、怨恨、自艾自怜、内疚，因为"喜乐的心乃是良药，忧伤的灵使骨枯干"（《箴言》17章22节）。真正的医治和喜乐来自彻底的饶恕。

2. 外在的方法

（1）寻求专业的协助与辅导。

我们要扔掉中国传统文化中"家丑不可外扬"的包袱，主动去寻求协助。这就跟看医生一样，若小病不医成了大病就更危险了。

（2）参与支持团体。

黄维仁博士有句名言："倾听就是爱，了解带来医治。"若有可靠的人可以倾吐，心中的伤痛有时能治好一大半，而且也不容易患忧郁症。若是自己在康复后能积极帮助别人，那更是走出低谷的好方法。

抑郁是我们情绪受伤后必有的反应，我们若对它有一些认识，就会知道如何面对它，而不会再受它的辖制了！

心灵如何得以自由

突然成为单亲，通常需要两年到三年的时间才能走出伤痛，但以我个人的辅导经验来看，若能在一开始就做一些重建或医治，最快可能缩短至半年左右。

单亲若要活出健康的生活，一定要正视自己心灵的健康，任何怨恨都会造成很大的伤害。我们从许多单亲的脸上就可以判断出，他们是否走出了阴霾。如果10年、20年脸上还没有喜乐的表情，依然露出愁容，甚至欲哭无泪，这种情况很严重。有病的人需要医生，心灵的忧伤更会使骨枯干。人们必须认识到，心灵的医治和重建是有绝对必要的！

1. 心灵医治的核心在于能经历"饶恕"的释放

在失婚的过程中，有许多不堪回首的伤痛记忆，包括许多彼此伤害的话语。能好聚好散的婚姻少之又少，即使表面没有大吵大闹的冲突，内心世界也一定酝酿着许多情绪的波涛汹涌。婚姻走到离婚收场，不管牵涉多少层面的人，所有相关的人都会或多或少受到不同程度的伤害。一般来说，虽然主动提出离婚者受到的伤害比起被动者来说要小一些，但一些隐藏的伤害最终还是会在生活中浮现，如亲戚朋友或孩子的不谅解，对自己一时冲动行为的后悔等。而这种种的伤痛都需要经历饶恕才能得到医治。

通常人们认为饶恕说起来容易，做起来难，但其实也就是一念之间的事。饶恕伤害我们的人其实就是释放自己，因为我们选择"不饶恕"就是拿别人的错来折磨自己。就像一个看监牢的狱卒，把有罪之人一直关在心牢中，偶而抓出来鞭打一顿，以为是痛快的报复，其实是自己的煎熬。殊不知关在牢房里的那人常常呼呼大睡，而狱卒自己整夜都不能合眼。不饶恕别人容易造成失眠、头痛、暴怒，甚至引发癌症。怨恨的杀伤力是如此之大，甚至能让细胞突变。医学上已经证明我们生理的疾病，有75%是心理和情绪的因素。

我们来看看《圣经》中《马太福音》18章21-35节中耶稣所用"七十个七次饶恕"的故事：

> 那时，彼得进前来，对耶稣说："主啊，我弟兄得罪我，我当饶恕他几次呢？到七次可以吗？"耶稣说："我对你说，不是到七次，乃是到七十个七次。天国好像一个

王要和他仆人算账。才算的时候，有人带了一个欠一千万银子的来。因为他没有什么偿还之物，主人吩咐把他和他的妻子儿女，并一切所有的都卖了偿还。那仆人就俯伏拜他，说：'主啊，宽容我，将来我都要还清。'那仆人的主人就动了慈心，把他释放了，并且免了他的债。那仆人出来，遇见他的一个同伴，因欠他十两银子，便揪着他，并掐住他的喉咙，说：'你把所欠的还我！'他的同伴就俯伏央求他，说：'宽容我吧，将来我必还清。'他不肯，竟去把他下在监里，等他还了所欠的债。众同伴看见他所做的事就甚忧愁，去把这事都告诉了主人。于是主人叫了他来，对他说：'你这恶奴才！你央求我，我就把你所欠的都免了，你不应当怜恤你的同伴吗？'主人就大怒，把他交给掌刑的，等他还清了所欠的债。你们各人若不从心里饶恕你的弟兄，我天父也要这样待你们了。"

我们可以看到，不能饶恕别人只能使自己受损，因为不饶恕别人会让我们落在掌刑者手下，饱受折磨。饶恕的秘诀在于看见我们自己其实也亏欠了别人，自己也是不完美的人，从而认识到自己和别人相比其实就只是五十步与一百步的差异。因此必须学会饶恕，饶恕别人对你的亏欠！一旦过了这关，你就会感到心灵的自由与释放。有两句话说得非常好：

> 不饶恕是自己吃毒药，却希望别人死掉；饶恕是自己吃补药，然后把对方的过错忘掉。

真正的饶恕是还要能"为对方祝福"。"逼迫你们的，要给他们祝福；只要祝福，不可咒诅。"（《罗马书》12章14节）很多人不能真正感受到心灵的自由是因为没有真正的饶恕。嘴巴上说饶恕对方了，心里却还是在咒诅对方，很希望看见对方遭报应。这其实是咒诅，并不是真正的祝福。

2. 从挫折中学到经验

婚姻若以离婚收场，多半两人都有责任。就算你可能是受害者，你也应当做一个成熟与智慧的人，从挫折中学到经验。不论这件事是谁的错，或是错多少，明智且客观的做法是找出婚变中自己应当承担的责任。这些年来，有些因先生外遇而离婚的女士们，也曾经坦承自己的亏欠：有的人是有孩子后忽略了丈夫；有的人是因为多年不和先生同房，承认是自己将老公给推出去的。这样做不单是在认真审视过往，更是为自己的将来，单身或再婚，做预备。

3. 勇敢地面对自己，迈向成熟

来自原生家庭的影响（个性、习惯、姻亲……），个人或他人言语的咒诅也可能造成婚姻的悲剧。最好花时间去整理一下，并勇于面对过去，完全接纳自己并且找回自信。有机会的话，应该参加群体的治疗（如："个人生命重建营"等），以便使自己尽快走出阴霾，活出生命的色彩！

13

勿伤无辜
——单亲孩子的关怀

在婚变的过程中，孩子并没有和你脱离关系，他们是你一生的责任。婚姻的结束，夫妻的分开，这些事实连成人都难以接受，更何况是孩子！据专家统计，问题家庭产生问题儿童及问题青少年的机率是健康家庭（即家庭关系和谐）的4倍。这个问题家庭不一定指的是单亲家庭，也可能是双亲家庭。这说明家庭关系的和谐对孩子的成长是非常重要的。

因此，在婚变或丧偶的过程中，我们务必重视孩子的心理健康，帮助孩子建立并肯定正确的自我认识。不要害怕找专家辅导，要知道，孩子人格的健康是孩子迈向成功的基石。

案例一

晓菁原本是个非常聪明乖巧的孩子，但是自从知道父亲有外遇之后，成绩一落千丈。因为她实在无法接受也不能相信，这位在她心目中一直被视为英雄的爸爸会背叛这个家庭。而她的妈妈也简直像发了疯似的，情绪十分低落，不是大哭大叫，就是闷闷不乐，甚至好几次让晓菁担心她会去自杀。

过去家中的欢笑已不复存在，以后再也不可能有全家度假、公园野餐或海边露营等家庭活动了，而这些活动都是晓菁的最爱。此时，她无法诉说自己内心的痛苦，只能经常拿着家庭相册掉泪。到了高中，她完全变了，变得非常容易发脾气，也常常和一些朋友玩到三更半夜才回家。她的妈妈这时才惊醒，意识到若再不救女儿，恐怕女儿就完了。

婚变对孩子的影响

孩子常常是跟着被迫做选择的，被迫去体会分离（无论是离开爸爸或妈妈）的痛苦。他们很容易被卷入一场战争，被人拉扯或强逼表态。而当他们被送到祖父母家或寄宿学校时，更会觉得自己遭到双亲的遗弃。有的祖父母觉得孩子无辜、可怜，而倍加溺爱，孩子做错事也不忍心管教；也有的祖父母因为年纪大了没有体力管教，而造成孩子更加放纵；还有的祖父母因为孩子跟他离开的爸爸（或妈妈）长得太像而虐待他们。这些都会造成孩子成长过程中的叛逆、不易管教的行为。

有时他们也会因为心中无解的困惑，如家庭经济收入突然缩减，以致他们不能再像以前一样过富裕的生活，生活所需也受到影响等，而累积成莫名的苦痛或怒气，影响他们健康地成长。

如何帮助单亲的孩子

离婚只是和配偶分开，但父母的责任却是一生一世的。爱是唯一与孩子相连的管道，花时间爱他们更是帮孩子走出困境的关键。因为在整个过程中，孩子最介意的就是父母因为自身的问题而不再爱他们。

这时，父母或辅导人员需要为他们多做一些事。

1. 告知实情但不加入自己的怨恨论断

在告知孩子实情后，多听、多了解孩子的感受，是否害怕、惊吓、被拒绝、遭遗弃、寂寞、愤怒、沮丧、羞耻，允许他们表达负面情绪，包括不安全感、失落感、无力感、罪疚感等。最重要的是要告诉他们，这是大人的问题，而不是他们的错。

2. 对孩子爱与管教的平衡

有的父亲或母亲可能因觉得自己亏欠孩子而溺爱孩子，也有的因为自己负面的情绪而不自觉地将孩子当出气筒，从而造成对孩子的伤害，更有甚者，会嫌孩子是累赘。那些被带到祖父母家寄养的孩子，需要重新适应新的环境，而且还常常会因为不平衡的管教养成不健康的性格。

3. 让孩子做他们自己

（1）不要使他们成为小侦探：千万不要透过孩子打听配偶的事，如你爸爸（妈妈）有女（男）朋友吗？

（2）不要让他们扮演大人：不要跟他们说爸爸不在了，你应该像爸爸以前那样保护我哦！

（3）不要让孩子选边站：不要将不客观的思想传给孩子，洗他的脑，如你爸爸家里没有一个好人。

（4）不要在孩子面前贬损配偶：孩子亲生父母的地位是无人能取代的。

（5）只因为自己怕触景伤情而搬家，却不考虑这等于是拔掉了孩子的根，让孩子离开了熟悉的环境以及自己的朋友圈。

4. 不轻易给孩子承诺

父母不要跟孩子说："爸爸（妈妈）一定会回家的。"也不要说："你如果乖，成绩好，爸爸（妈妈）就一定会回来。"这很容易让孩子在看不到这个结果时大失所望，甚至让他将来不相信你的话。

5. 让他有周全的支持系统

青少年辅导的大哥哥、大姐姐等都可陪伴他们成长。

6. 和前夫（妻）共同努力将对孩子的伤害减到最小

为了孩子的利益，前夫前妻应建立良好的合作关系。若是对方的配偶一起照顾你的孩子，也别忘了真心向他（她）说一声谢谢。

7. 以电话、信件、礼物等方式，让他们感觉到自己在父母心中占有非常重要的地位

特别是在孩子的生日、节庆、比赛、生病、教育、毕业典礼、交友等特殊日子之际，需给予他们适时的关怀与鼓励。

谈 离婚
单亲与再婚

柳暗花明
走过 婚姻风暴

以下是一位单亲孩子的真实经历，
让我们从字里行间来看看在父母婚变的
过程中孩子的心路历程。

14

单亲孩子的心声
——卓以的真实故事

听见妈妈哼着圣诞歌在厨房准备早餐，我双手枕在头下，不禁笑了。妈妈容貌美丽，身材修长，圣诞庆祝会时在台上唱歌跳舞可轰动呢！

欢乐童年

亲友都说我长得像妈妈，可我小的时候却爱和妈妈拌嘴。我喜欢爸爸下班回家抱着我转圈圈玩，每当他这样做的时候，我就会踮着脚尖学妈妈跳舞。我也喜欢爸爸听我胡言乱语。我知道爸爸很爱我，即使我掉了门牙，在他眼里我也还是他的漂亮小公主。

老房子有个大后院，朋友喜欢来我们家玩，后花园的烤肉聚餐可热闹了，大人笑，小孩叫。小我三岁的妹妹常静静地瞪眼看着白兔，研究它的红眼睛。瘦皮狗和表弟，追着在水盘喝水的鹦鹉跑来跑去。老橡树下的大摇椅是爸爸的最爱，我喜欢坐在他大腿上摇呀摇，听他和朋友高谈阔论，不时撒撒娇，总觉得和爸爸好亲近。

不知何时开始，爸妈虽然每天抱着我和妹妹亲亲，他们彼此却不再拥抱。奇怪的是，爸妈常板着脸不直接交谈，要我替他俩传话，时而大声争执要孩子评理，好多事儿都不对劲。

天崩地裂

我读七年级时，父母的争吵已到白热化，连掩饰都很困难，那阵阵的叫吼声震耳欲聋，我怯生生地试图劝架，他们理都不理。好几回，我总是牵着妹妹的手害怕地躲进房间无助地祷告，呜咽着求上帝不要让他们的感情继续恶化。

13岁那年，爸爸终于提出分手，妈妈勉强同意时，我的心都碎了，可恨的是他们决定把房子卖掉，计较着钱要如何分，孩子要归谁……还要我和妹妹来仲裁。谁要理你们呀！少烦我！

我和妹妹跟着妈妈搬到附近的公寓，家里不再有大庭院，瘦皮狗、兔子、小鸟全被送走，妹妹更加寡言，我的脾气也愈发急躁。仔细回想起来，当时我心中最受打击的，是小时和我感情特好的爸爸突然不见了，而且没多久就又娶了"一个女人"。爸会再回来的那个梦，随着他们一连添了两个小男孩而彻底幻灭了。

> 从卓以的经历中，我们看见孩子幼小的心灵因为父母
> 的离异而充满了忧伤和无助。希望为人父母者能从这些心

声中，重新反省一下：父母离婚到底会给孩子造成多大的
伤害？愿天下父母在离婚前能三思而行，好好计算一下所
付出的代价。

天使陪伴

我对自己完全失去信心，羞于和人接触，总是想讨好朋友。回
想那段没有安全感的日子，正值青少年最易变坏的危险阶段。幸
好，我有良师和辅导员的安慰与支持，才顺利走过了青涩又艰苦的
岁月。

在妈妈为生计忙碌时，大哥哥大姐姐们总是开车带我们去参加
青少年聚会，在生活中给我们点点滴滴的关怀。有趣的游戏和小组
分享，着实让我逃避了在家时的空虚感。当初辅导员带我们去看电
影，大手牵着小手的温暖，到现在仍记忆犹新。迪士尼乐园玩飞瀑
船的情境更是历历在目，我们抱在一起尖叫，好快乐啊！他们连去
逛百货公司时，也不忘带着我和妹妹这两个小萝卜头。

我的心灵导师不管多忙，每周日都会听我倾诉。他不但要我明
白父母分手绝不是孩子的错（其实我也不会如此想，反而和妹妹分
析讨论的结果是父母双方都有错）。他总是细细询问家中的现状，
像大朋友般用同理心来疏解我的愤怒与忧伤，教我学会饶恕，慢慢
修补我破碎的心。

假如时光能倒流

为了让我和妹妹在失去父亲后的物质生活水平不致下降，妈妈除了在中文学校上课外还兼职好几个家教。妹妹和我也努力读书，成绩虽非拔尖，但总能拿到学校的奖学金。

值得庆幸的是，走过伤痛的母亲变得坚强而独立。相依为命的我们关系融洽，相亲相爱。如今妈妈已能冷静地向我和妹妹分析她在婚姻生活中的对与错。我也愿向妈妈敞开胸怀，诉说生活中的点点滴滴。

回想过去也曾有男孩追求我，但因为我太缺乏自信，而且有一些不正确的想法，总是担心将来对方会对不起我，因而过分地要求男孩子对我做出太多的承诺。对别人的期望过高，不能建立稳固正常的关系。现在我会在脑海中冷静地分析父母争吵、离异的原因，虽令人难过，但不能让它影响我和男友的交往，更不能让它成为我未来婚姻的绊脚石。

假如时光能倒流，假如有机会再回到父母刚离婚时，我会对妈妈温柔一点，也会更多地体谅她，尽量减轻她的压力。我也不会因心情不好而对妹妹凶巴巴的，我会在她最需要姐姐时耐心地呵护她。

妹妹今年大四，个性成熟内敛，已完全走出阴影。我也大学毕业，在州政府担任环保执法工作。下了班我去选修水资源环保的课程，继续攻读硕士。我很感恩，因为如今能够找回自信，每天喜乐地生活。

有一天，我打电话给爸爸，提议每个月应有一次"父女时间"，只有我们父女三人相聚。虽然儿时欢乐已不再，但在这几次共进晚餐中，我们诉说生活的现状、趣事，分别时和高大的父亲相互拥抱并祝福，恍惚之间，仿佛又回到了从前。

虽然至今仍不明白上帝为何允许我家的破碎，但借着这段伤心的经历，我学会了饶恕。在课业的困难、生活的失意与挫折中我学会了坚强。

自去年起，我过圣诞的心情和过去很不一样。小鸟闹钟"咯咯"地叫着，催促我起床。打开房门，客厅里那棵由我们母女三人精心装饰的圣诞树仿佛艳丽俏皮的小公主，正对着我快乐地眨眨眼、挥挥手。嗯，不必再重陷恶梦，欢然梦醒的感觉真好！

（卓以口述，陈苍遂整理）

　　我一直很喜欢卓以的这篇真实的故事，因为她帮助我们透过孩子的眼看大人们的世界，从而了解单亲孩子的心声。

谈 离婚 单亲与再婚

柳暗花明

走过 婚姻风暴

15

敢于再爱
——单亲的正确出路

很多人在第一次婚姻结束后都觉得要解决痛苦的最好方法，就是赶快再找一个人结婚。然而，统计数字告诉我们，当一段婚姻结束之后，绝对不能马上用另一段婚姻来消除自己内心的寂寞和痛苦，否则，你为此而付出的代价会比第一次的婚姻更大。这就是为什么在美国第一次的离婚率是55%，而第二次，也就是再婚者的离婚率会增加到75%的原因。以下的个案就是一个活生生的例子。

案例一

俊达和太太因冲突不断，九年的婚姻宣告结束。他带着两个孩子，总想给孩子赶快找个妈。厌烦于前妻一天到晚的唠叨，这次，当别人给他介绍单身又文静的清萍时，只交往了三个月他就决定再婚了。

　　没想到，很快清萍婚前的文静成了"没有沟通、不能沟通"的问题；而对方没有孩子的优点，也变成了她对孩子"没有耐心"的缺点，亲子间出现了极多的纠纷。俊达因曾发誓不要"再离婚"，所以他很努力地和这第二任的太太生活。这样过了六年，他们又生了两个孩子。但这期间的复杂度与艰难度大大增加，"你的孩子，打我们的孩子"的冲突不断。两个人背着沉重的生活压力，又拖了两年，最后是清萍提出离婚，双方遗憾地结束了这段婚姻。

　　谈单亲的再婚问题之前，首先单亲父母要知道如何用健康的方式走出这段幽暗与低潮的失婚阶段，先让自己健康后，才能进入下一段婚姻。因为只有健康成熟的人才能建立健康成熟的家庭。

　　为此，单亲的正确做法应该是：

1. 找到支持团体

　　首先，单亲应勇敢面对人生的风暴及恶梦，并接受这个事实！找到支持的群体（亲人、婚姻协会或宗教团体），找到合适的人倾诉，因为把心事压在心底只会拖延走出伤痛的时间。通常一个人婚变的痛苦至少需要两年的时间才能得到平复，因此，若单亲能有人扶持、关心、陪伴，就能快一点走出来。

2. 注重心理健康

　　不要走入极端，成立类似所谓的大老婆俱乐部，聚在一起大骂男人以泄恨等；也不要郁郁寡欢地将自己封闭起来，更不要赶快找一个对象来"报复"配偶的不忠，或者证明自己有人要，或者填补自己心灵的空虚等。

单亲也不要因此就不再相信任何人，认为"男（女）人都没有一个好东西"。一个女人因先生外遇而离婚，一辈子看到男人就讨厌，发誓再也不进入另一段婚姻，这是非常不健康的心态。这也是为什么破碎的家庭极有可能带给下一代伤害的原因。小心你的孩子对婚姻可能产生的几个极端：缺乏爱而滥交，恐惧婚姻而独身或同居不婚。

单亲家庭绝对能培育出非常优秀的儿女，但前提是这些单亲父母都能妥善处理自己的情绪问题，并留意自己及孩子的心理健康。因此，遇到这等事千万别害怕找专家辅导协谈，"人格的健康"是美满人生最重要的基础。

3. 检视婚变中自己当负的责任

人很容易以自我为中心，认为离婚"都是对方的错"。其实，造成婚变的原因，需要先从自省开始，找出在这段婚姻中自己当负的责任，有没有自私、小气、坏脾气、不负责任、不忠实、说话伤人等？省察自身才能避免重蹈覆辙，才能使下一段婚姻不再陷入危机。

4. 谨慎面对再婚

再婚的离婚率居然高达75%，可见要谨慎行之！最好让自己得到医治与重建后，才考虑再婚。另一点要提醒单亲的是，如果再婚，一定要先做好"再婚辅导"。因为结婚所涉及的不只是感情问题，还有现实。比如，要不要再生孩子？会不会产生"你的孩子或我的孩子，打我们的孩子"的情形？如何教养孩子？财务如何处理？……诸如此类的现实问题一定要面对。

　　我们祝福失婚者，期望他们都能从不幸的人生经验中学习用更成熟的态度去处理情感问题，能快乐地度过再度单身阶段，真正进入人生"第二春"！

谈 离婚
单亲与再婚

柳暗花明

走过 婚姻风暴

再婚篇

美满的婚姻是我们每个人的梦想。随着社会的发展、观念的更新和人们对高品质情感生活的要求,人们对婚姻的选择度在不断扩大。没有感情的婚姻在破裂,不幸的家庭正在解体,人们用各种方式冲出围城,重享自由空间。但是冲出之后,对如意伴侣的渴求会让大家再次杀进围城,那就是再婚,重新组织家庭。但再婚容易吗?不,它比第一次更难!因此,我们将用这一篇章来探讨再婚问题。

现代家庭破碎的速度比我们想象的还要快,可能几年间就增长几倍。在美国来讲,第一次婚姻的离婚率是55%,第二次婚姻的离婚率比第一次高,达75%。这就是再婚的挑战:如何避免再婚之再度离婚?根据统计,在美国,离异后大约有80%的男人和72%的女人会再婚。再婚也逐渐成为一种趋势。

为什么还有那么多人离了一次婚,还是想重入围城再结婚呢?我相信是因为"家庭"对人们来说很重要。每一个人都希望回家的时候不是孤单一个人,而且都希望这个家庭是温暖的。所谓"金窝银窝比不上自己的猪窝狗窝",至少有一个家可以回去。家庭可以带来欢乐,家庭可以带来人的成就感,家庭也是人格塑造的场所。专家和心理学家提到:人对这一生的满意度在于人的价值感和幸福感。我相信每一个人在内心深处都希望找到幸福,所以会不断地寻找,也有勇气不断地再往前走,因为家庭是每一个人都希望拥有的安全岛,一个令人满足的窝。

16

再婚前的预备

　　再婚的状况一般有两种：一是因为丧偶，即配偶死亡后再娶或再嫁；二是因为离婚的缘故。随着时代的改变，离婚率节节升高，再婚人数也随之增加。因此有必要让准备再婚者了解相关的注意事项，以便使再婚真正成为"第二春"，而不是"第二冬"。

　　离婚的人虽然不幸失婚，但因为已有婚姻的经验，除非是因为某种特殊的因素，一般都期盼再有一段婚姻。但是由于上一段婚姻可能遭遇不明原因的破坏，或是被周遭的环境因素所影响，所以失婚者在不同程度上受到过伤害。无论是何种原因，伤害已经造成，所以失婚者再进入婚姻的时候，常常会有"一朝被蛇咬，十年怕井绳"的顾虑。因此，准备再婚者需要慎思，需要有一段时间来好好调整自己，以便做出最好的选择。

一、医治（重建）期

在这段时期，个人需要勇敢地找出原生家庭所承袭的缺点，并得到医治与重建。再婚者需要找出前次婚变中自己该负的责任。无论上一段婚姻破碎的原因是什么，金钱、脾气、责任感、依赖性、控制性、男女关系、姻亲、自私、孩子、性生活等，再婚者都需要做出全面的考量。若发现了自己的问题，就要学着去改变与成长。

二、寻求（等候）期

婚姻专家说："要等候寻找一个合适的人，不如先让自己成为一个合适的人。"真是没错！如果把自己变成白马王子或白雪公主，怎么会担心没人来追求？因此，积极学习独处之道非常重要，要能够使自己做个快乐成熟的单身者。了解自己的身体状况，接纳自己，保持身心的愉悦。多多学习，丰富自己，竭力让自己成为成熟、可爱的人。为此，我们需注意以下自我成长问题。

（1）心灵方面：培养美好的内在品格。

（2）心理方面：注重情绪的稳定，不乱发脾气，培养高尚的情操。

（3）生理方面：注重身体上的健康。

（4）生活方面：检查自己是否有坏习惯，如赌博、奢侈、药物、性瘾、好看色情书刊、上网成瘾、工作狂等。如果有，就一定要找专家帮助戒掉这些恶习。

（5）人际方面：与家人、朋友的关系是否融洽，是否因孤癖而自怨自艾。如果一个人说很爱你，却和自己的家人、朋友都无法相处，你就要特别小心了。

（6）性格方面：是否孝顺、诚实、自制、自律，富有幽默感和责任感，是否有大男（女）子主义，自私、记仇，或爱批判、爱争吵。

三、肯定期

应建立正确、健康的交友观，自然大方但不随便。遇到感情事，也不要大惊小怪，忸怩做作。对他人的需要，无论是物质或心灵上的，都很敏锐、保守自己有颗单纯圣洁的心。学会聆听，学会用智慧跟人交谈。学会拒绝的艺术，当回绝对方的追求时，要对别人的欣赏表示感恩，而不要对别人说"癞蛤蟆想吃天鹅肉"等伤人的话。

1. 用以下原则检视自己的择偶条件

（1）绝对的条件。

有相同信仰、人生观、价值观。《阿摩司书》3章3节说："两人若不同心岂能同行？"在这部分有愈多的共同点，将来的婚姻也会更加的稳固。

（2）相对的条件。

一般来说，门当户对的人较容易沟通，如家庭背景相似、学历相差不远、年龄相当等。这并不是绝对的，也有许多背景相差很大的夫妻，依然能有幸福美满的婚姻。但要避免世俗化，如只注重外表、金钱，有种族、籍贯的偏见等。

还有一些基本的条件值得去思考，如是不是两情相悦？外在、内在是否有相互的吸引力？是否喜欢和对方在一起？因为婚姻的基础还是要选择一生所爱的，然后钟爱一生。

另外，品格、性情方面是否匹配？学历、家庭背景及年龄是否相当？身体状况如何？有无遗传疾病？能不能生育？这些都可以借着婚前的健康检查来了解。如果知道有残疾仍然愿意嫁娶，就不会后悔。种族的差异也应纳入考虑范围。异族通婚的婚姻仍有很多是幸福的，但是应考虑语言、沟通是否有障碍？外表能否接受？有没有犯罪、欠债记录？当然最严重的是对方有没有同性恋、性变态、人格异常等问题，这些也都是必须注意的。

2. 明白他/她是否真的是为你而设的

宁可晚结婚也不要结错婚，因为两个人在一起的孤单，将比一个人的孤单更甚。千万不要急，真爱一定需要等待，我常常送给未婚者两句箴言：

"宁可等一段甜蜜的爱情，也不要急一个痛苦的失恋；

宁可等一个美满的婚姻，也不要急一个破碎的家庭。"

"夫妻不再是两个人，而是成为一体的了。"（《马太福音》19章6节）因此，你一定要深思，搞清楚这到底是不是真的为你而设，也一定要征求家长的意见，得到父母的祝福。真爱一定能经得起时间、环境的考验。同时你还要不断地调整自己，学会舍己，真心付出。

3. 交友七原则

（1）不要单恋（耐心等候，直到对方心甘情愿）。

（2）不要到处放电（留情）而要设界线。

（3）正确的自我观：不自大，不自卑，不要完美主义。

（4）不降低标准但可以扩大范围。

（5）感情不要投入太快（和婚期成正比）。

（6）睁大眼睛，看清楚是否真是彼此适合。

（7）不要依靠情欲试探（约会时，衣着不暴露，还要小心煽情电影和录影带）。

四、发展期

在交往的过程中，最好能找交友恋爱的指导者。结婚前也务必要有婚前的辅导，让自己迈向成熟。我们都知道，如果要成为一位优秀的运动员，就一定要找好的教练，经过训练才能有好成绩。如果我们的人生想要有亮丽的成绩，也要善于投资，寻找婚姻家庭的教练。

想要以后的婚姻美满，这个阶段有几条必须遵守的原则：

（1）不可以有婚前性行为。

很多事例证明，婚前性行为常常会减弱彼此的尊重和珍惜。

（2）双方未来要有一致的方向和目标。

有些问题除非在婚前就能妥协，否则会影响婚后的家庭生活。比如说，一方要出国，而另一方因为有父母要照顾，绝对不能出国；一个要孩子，一个不愿意要孩子。

当然，再婚者也一定要尊重孩子的想法，要和孩子交流，看对方和孩子是否相处得来。至于孩子不答应时，能不能再婚的问题则要视孩子的观点是否成熟而定。

（3）要有计划地约会、恋爱。

约会不只是看看电影或吃吃饭而已，可以安排多样性的活动，比如，一起去探访孤儿院，或者一起运动；也可以谈论一些话题让双方有更深刻的了解；还可以一起去看望家人、长辈、导师，得到他们的指导等。

如果单亲者都能按部就班、循序渐进地给自己预留充足的时间来思考，就必定能把握好机会，真正进入"第二春"。

如何寻找合适的伴侣

要知道另一个人适不适合你，有几个方面必须认真考量。首先要看双方的人生观、价值观是否相同，双方的人生方向、人生目标是否相似；其次要看双方个性、品格、人际关系、沟通能力、情商等各个方面是否契合；最后看家庭、学历、背景、外貌、经济、才干等外在的条件是否相当。

但是我们择偶的标准通常是倒过来的，一开始就只想着要找白马王子和白雪公主，这真是本末倒置。很多男人一天到晚都在找白雪公主，可是不知道自己是个大狗熊。你要知道自己适合什么样的人，不要把标准定得过高，而要实际考量双方在各个方面是否合适。曾经有一个失婚女士，碰到一个男人愿意在雨中拿着一束鲜花非常殷勤地等她两个小时，她就以为他真的非常爱她，便嫁给了他。可是结婚之后，却发现这个男人竟然会动手打她！所以，在决定结婚之前，一定要花足够的时间来全面地认识和了解一个人，包括其原生家庭。

原生家庭对婚姻的影响是非常大的。比如说寡母和独子常常会带来一些问题，就是相互的关系太紧密。这样的情结太深也会造成问题，使一些母亲和儿女之间没有"剪断脐带"。我还听过这样的故事：母亲跟着儿子、媳妇一同去度蜜月，甚至还同住一间房！

这是一种极端，但另一种极端也同样要不得。如果发现对方跟家人完全不来往，那也要小心。一个连自己的家人都不爱的人有可能在婚姻中造成问题。因为他如果在原生家庭的人际关系里都有问题，进入另外一个家庭以后，也常常会产生问题。如果完全不理父母，那更是要好好考量一下，到底出了什么问题，因为人际关系很重要。

人生的道路有着许许多多的选择，我们的生活随着自己每一个抉择而改变，所以每一个人都要对自己的选择负责任。我绝不赞成将婚姻视为一种赌注，不要盲目地跳进火坑，需要三思而行。不要只看你爱不爱他，也要看他合不合适。当然爱情也是婚姻的一个先决条件，婚姻是一辈子的事，如果很讨厌他，那肯定是不行的，一定要以两情相悦为基础。

现在有一些女孩选择嫁给有钱的男士，甚至不惜去当第三者，哪怕他是有家庭的，也要想办法把他抢过来，因为这样自己就可以少奋斗二三十年。这样的想法给社会带来的当然不是安宁，而是破坏。我们都不应该破坏家庭社会的和谐。有些人在考量一个人的时候，常常把金钱、外貌、才干放在第一位，这是完全不对的。千万要记住，现在很有钱，并不表示今后一直会有钱；现在头发很多，也并不表示将来不会秃头，还得看他的家族历史、遗传基因。有些是相对的，有些则是绝对的。一个人的个性、品格、学习态度一般不容易改变，这些才是更重要的。无论如何，重要的优先考虑，次要的放在后面。婚姻不是一场赌博游戏，而是人生至关重要的一个抉择。

有一个女孩为一个男人堕过五次胎，那个男人还不肯跟她结婚，这样的人难道还看不清楚吗？怎么可以糊涂到这种地步？所以千万不要落入盲目的爱情里面，那实在是非常愚昧的，希望我们都能做一个聪明人。

还有一位女士，已经是第二次婚姻了，但婚姻再次出现了危机，因为对方信用卡欠款达到了10万美金。我就跟她说："你婚前为什么没有先问他是否有欠债？"她说："不好意思问。"这是终身大事，怎么可以随随便便就跨进去。如果不好意思问，就更需要有婚前辅导，让他们帮你问，搞清楚他有没有欠债，他现在的负担是什么，将来家庭的收入会怎么分配，这些都是有必要先弄清的问题。

以上讲的是再婚的预备，下面再以一个"交友恋爱阶段图"来概括总结：

友情（选你所爱） ← 爱情（爱你所选） → 亲情（忠你所选）

朋友⇌忌"单恋"   知己⇌忌"过早认定"   情人⇌忌"婚前性行为"   夫妻⇌忌"口出离婚"

F

婚姻期

D

发展期

E 1. 恋爱（离开父母）
   2. 情爱（夫妻结合）
   3. 恩爱（成为一体）

B

肯定期

C 1. 恋爱计划
   2. 面对差异
   3. 双方家庭
   4. 婚前辅导
   5. 婚礼筹备

寻求期

A 1. 信仰、价值观
   2. 品格、个性、沟通
   3. 家庭、学历、背景
   4. 外貌、经济、才能

1. 预备自己
2. 认识朋友

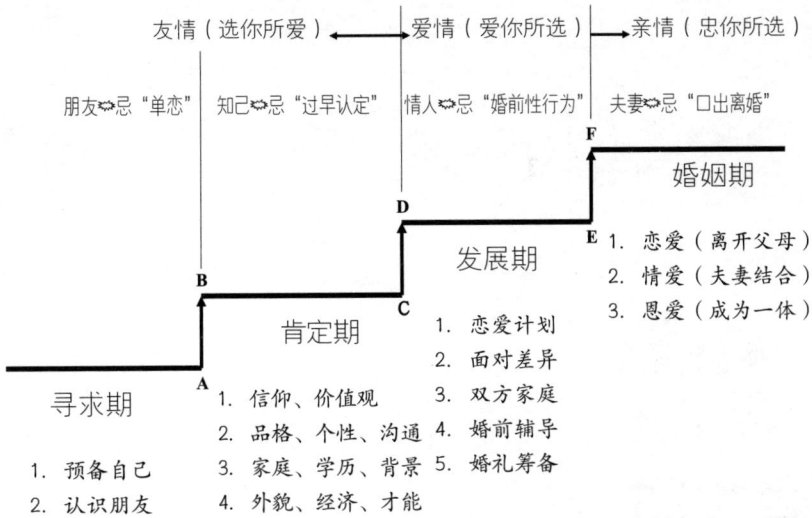

图16-1 交友恋爱阶段图

谈 离婚 单亲与再婚

柳暗花明

走过 婚姻风暴

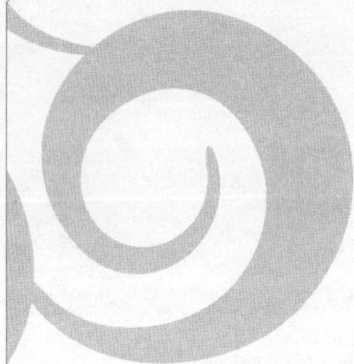

17

再婚的挑战

再婚的家庭又称重组家庭。出人意料的是，重组家庭的离婚率常常比第一次婚姻的离婚率要高，究其原因是在于重组家庭婚姻的复杂性。

第一次结婚，大家都是单身，没有小孩。第二次结婚，就可能牵涉小孩的因素。重组的家庭里面，最复杂的情况就是你带一个孩子，他带一个孩子，组成了家庭后又生了一个孩子。这就有可能出现"你的孩子和我的孩子，打我们的孩子"这样的情况。

曾经有一对老夫妻，他们结婚50周年时，记者来采访老太太，问她曾经有没有想过离婚。这个老太太说："没有，从来没有。"记者就说："真不简单。"但是，这个老太太马上接着说："没有想过离婚，但想过杀了他。"可见，相爱容易相处难啊！

有一个男人，觉得第一个妻子太唠叨了，所以他第二次结婚就找了一个不唠叨的。可是个性安静，婚姻就没有问题吗？他的第二次婚姻还是以离婚收场，理由是这位妻子又太内向寡言了。其实，他的真正问题在于缺乏沟通，而沟通正是美满婚姻极其重要的因素之一。

另外，有一位女士，第一次结婚时，她觉得找了一个好吃懒做的先生，就离婚了。第二次她希望找一个非常勤快的人。可是"勤快"还是为她带来了婚姻的问题。这第二任的丈夫是一个工作狂，可以工作三个月、六个月都不回家。就这样，她再次面临离婚的挣扎。

这些都是因为一个简单的误解，以为换一个人，进入另一段婚姻就能解决问题。事实上，每一段婚姻都有它的阶段性，也一定都会有它的难度，事实上，婚姻中冲突是必然的。

我们首先用"婚姻阶段图"来探讨一下婚姻的必经阶段。

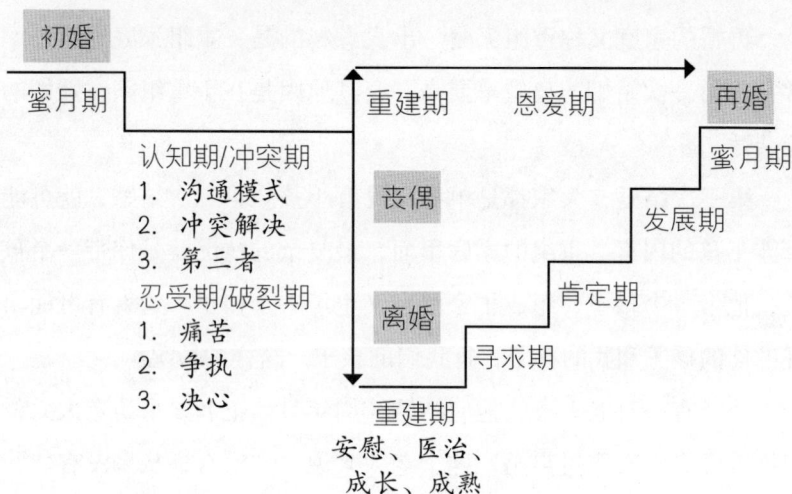

图17-1 婚姻阶段图

1. 蜜月期

在图17-1中，我们看到，每一对刚结婚的人，都会经过第一个阶段，即刚开始甜甜蜜蜜的蜜月期。大部分人都是因相爱而结婚的，所以结婚后都必然会有蜜月期，但是蜜月期也一定会过去。蜜月期的长度是因人而异的。

有的人在蜜月期就开始吵架，我跟我的先生就是。我们在度蜜月时，他开车开得很快，我就很紧张，他却说："你把眼睛闭起来。"我当然更生气，觉得他怎么这么没良心，一点也不尊重我的感受、我的生命！

2. 认知期/冲突期

婚姻刚开始一般都很好，但渐渐就会出现婚姻的现实问题：谁打鼾？谁袜子乱丢？谁用了东西不放回原位？所以，蜜月期一过，就会进入到认知期或冲突期，这是婚姻的必经历程。原因是"真我"的凸显，以及许多差异所带来的摩擦。我们绝不要陷入婚姻的迷思中，以为这个婚姻不好，换个人就会变好，岂不知换个人，还是会经历另一段婚姻的冲突期。我每次为人做婚前辅导的时候，常要求他们进入婚姻后，绝不可讲"离婚"这两个字，因为关键是要解决婚姻的问题，而不是解决婚姻。

很少有夫妻没有冲突的，因为原生家庭的不同、男女性别的不同、个性的不同等。像我跟我的先生在金钱使用的方式上就有很大的冲突，虽然我们两个人都来自相同的军人家庭背景，小时候家境不是特别宽裕。但奇怪的是，我们两人却有迥然不同的金钱观。我们家因为没有钱，所以赶快花，反正没多少，开心就好，这是我爸爸的哲学；老公家则因为没有钱所以很节俭，他很少为自己花钱（但奉献很大方）。所以在他的眼中，我是奢侈的。

他想不通我为什么要买那么多的鞋，不是只要有黑白两种颜色的鞋就够了吗？例如，去看场电影，他从来不吃零食，我就认为看电影是娱乐，应该要买点零食慰劳自己。他认为我们要时刻培养自己吃苦耐劳的美德，如果将来要到非洲工作，现在就应该学习过简朴的生活；而我则认为如果是这样就更应该早点享受，因为以后没有机会了！这些冲突期的路程，对我而言是血泪史，心里淌血，眼中流泪。但我也常想，什么锅配什么盖，其实上帝都配得刚刚好。如果我不是遇到节俭的先生，就有可能像我的原生家庭一样，到现在仍然过着欠债的日子。

曾经有一对夫妻，他们两个人一直吵，吵得很厉害，说话都非常恶毒。先生对太太说："老太婆，你对我这么凶，这么唠叨，这么多嘴，到你过世的时候，我要给你立个墓碑写上八个大字：'一生多嘴，终于闭嘴。'"这个太太也不甘示弱，说："我也会给你立个墓碑，要这样写：'一生软弱，终于坚硬。'"我把这种吵吵闹闹一辈子的夫妻叫做敌对共生，这样的婚姻生活是非常痛苦的。我相信没有人希望自己的婚姻是这种状况。

一般来讲，进入婚姻的时候，没有人教我们怎么沟通、怎么解决冲突、怎样处理第三者的问题，我们也没有这方面的经验。当婚姻进入冲突期，各种各样的问题都出现时，就会出现两种状态：一种情形是不能忍受的人，冲突发生之后，忍不了就分手；另一种情形就是忍受，无论如何也要忍着，不离婚但也不幸福。其实这都不是解决冲突的办法。就前一种方式而言，你换一个人，却不知一旦进入了婚姻还是要再次进入冲突期的，还是不容易的，这是现代婚姻家庭的挑战；而我们的上一辈，则常常是采取后一种方式处理冲突，不离婚但也不一定幸福，常常是在忍受而不是享受。

3. 重建期到恩爱期

如果两个人能够慢慢调适与学习，不断地找到可以共同往前走的方法，就容易走过冲突期，然后经过重建期继续往前走，并找到解决冲突的方法，一起成长，最后成功进入婚姻的恩爱期。有很多事情不是对错的问题，而是习惯或个性的问题。我们不太可能改变对方，因为每个人的价值观、人生观都是累积多年形成的，特别是那些从原生家庭带来的个性习惯更难改变。因此，在婚姻中，我们要学习的不是去改变对方，而是学习改变自己，有智慧地去调适自己。

我跟我的先生在二十多年的婚姻中，常常因为钱的问题吵架。后来我们找到一个双赢的策略，就是实施零用钱制度，每个月每个人有个预算，只要是在预算内的花费，另外一方就得保持安静，如此一来就减少了许多冲突。

现在我们之间达成了一种默契，就是他负责省钱，我负责花钱。很多人觉得我真是不错，能够使他这样妥协。其实在这个过程中，我也有许多的改变。有一次我出差，在温哥华的机场等飞机，午餐时间，我到餐厅去买东西吃，一看三明治一个要七块多加币，我立刻转头就走：太贵了。当我转头走的时候，竟然笑起自己来：怎么不知不觉就被改变了。经过先生多年的熏陶，我终于也知道什么是贵，什么是便宜了，机场买东西真的是比较贵！

在"婚姻阶段图"中，我们可以看到，即使你执意要离婚，也必须明白一点：当你再婚之后，这些阶段还是会从头再来一次的，必然会经过蜜月期，又会再遇到冲突期的。但是如果可以的话，不管是第一次或第二次，我都盼望是在往前走，即经过重建期达到恩爱期。就像我跟我先生一样，冲突期中能够寻求婚姻辅导的帮助，然后经过重建期，最终进入到现在的恩爱期，达到相知相惜的境界。

不是我们不再有问题，而是我们愿意解决问题，不放弃婚姻，也不用离婚的方式去解决婚姻中产生的问题。每一段婚姻都一定会有冲突、差异和摩擦。怎样让我们的婚姻经过冲突后，彼此有更深的了解，而不是以离婚收场，这是要通过更多的学习来达成的。我们都必须经过磨合的阶段，学习重建并最终进入恩爱阶段。

有一对夫妻，结婚36年，但是吵了35年。这个太太熬了36年还是不肯离婚，因为她认为虽然已经食之无味，但是弃之也很可惜，所以她虽然很痛苦，但还是坚持到底，不肯离婚。后来他们参加了我们带领的夫妻营，经过多次辅导，他们忍受的婚姻终于变成了享受的婚姻。

丧偶

当然在"婚姻阶段图"中，丧偶的情形是比较单纯的，丧偶的人进入第二段婚姻时，虽然没有那么多的包袱，但是也还是要经过复原的阶段才能够进入第二段婚姻。那么再婚之后，从此公主、王子就过着幸福美满的日子了吗？才怪！第二次婚姻虽一样会有蜜月期，但也会有认知期和冲突期，一定会有相处的冲突和挣扎。

再婚的挑战

爱火熄灭的婚姻正在破裂，不幸的家庭正在解体，人们以为用各种方式冲出婚姻围城就能重享自由。但是冲出围城之后，对如意伴侣及温暖窝的渴求会让大家再次杀进围城，再次结婚。但再婚容易吗？不，它比第一次更难，尤其是对有过婚变的人来说更难。因为他们内心通常都有一个阴影，就是很怕再离婚。若是第一次有痛苦的经历，就希望借着前车之鉴，避免再犯同样的错误。

我们常常说"第二春"，是希望再婚的人可以进入更美满的婚姻中。但是，再婚面临的复杂性比第一次婚姻更甚。关于再婚所面临的挑战，我们在此提出五点：时间性、动机、孩子的因素、钱财的因素，以及情结的因素。

一、再婚的时间

失婚者尤其是经过婚变的人，在进入第二次婚姻前，一定要利用一段时间疗伤或复原，抚平伤口，调整脚步，分析并找出婚变的原因。这个很重要，因为这是避免重蹈覆辙的关键。

至于多久以后可以再婚则是因人而异。如果是因婚变而离异者，专家们建议至少等两年，因为这样可以有足够的时间好好地沉淀或疗伤，调整一下自己。在两年之内就再婚的，常常会有一种替补或补偿心理，为了填补自己的孤单和寂寞。如果用另一段婚姻来填补感情的空虚，是很容易出问题的，也许结果会比上一段婚姻更糟糕。因此，再婚者一定要慎重对待第二段婚姻，因为它比第一段婚姻更不容易。

丧偶者则可能出现两种情形：一种是很快地结婚，另一种则是因为太爱配偶而甘愿守寡。有时候仓促结婚的丧偶者容易被人议论。别人会认为，你既然很爱对方，为什么那么快就爱上另一个人且结婚了？例如，有位男士，太太过世才三个月就续弦，因此被他的亲人责怪，他的岳母甚至很生气地说："我的女儿尸骨未寒啊！"

就我看来，应该隔多长时间再婚，纯粹要看个人的心理成熟状态。如果丧偶者的另一半是长期的慢性疾病患者，已经治疗了很多年，你要他再等多久才再婚呢？时间不是绝对的标准，关键在于一个人各方面的成熟度。

有小孩的话，再婚的时间也常常跟孩子有关，有很多父母会担心孩子和未来的配偶不和，所以不敢再婚。也有的人虽然有了对象但因为孩子的坚决反对而影响再婚的时间。

二、孩子的困扰

亲生父母通常在孩子心中占有非常重要的地位，爸爸、妈妈的位置是很难取代的。因此无论是丧偶或离婚，孩子失去了自己的亲生父亲或母亲，内心已有很大的伤痛，所以从心理上不太容易接纳一位新妈妈或者新爸爸。另外，童话故事常常丑化继父继母的形象，这也在不知不觉中让孩子害怕。

有一些单身女性，不敢接受有小孩的再婚者，因为她们担心继母不好做。确实，调整并适应这个角色是一件很不容易的事情。曾经有一位女士告诉我，当她要嫁给一位再婚人士时，做梦都梦到对方的孩子对她说："你又不是我妈，凭什么管我！"

因此，亲生父母千万不要忽略孩子的感受，一定要多跟孩子沟通，让孩子知道你依然是百分之百的爱他，当然，也不要溺爱孩子！

三、动机不正确

许多人因为无法适应再度单身的生活，不能忍受内心的孤单和寂寞，因而很快进入另一段婚姻，这是非常危险的。第一次可能遇人不淑，但第二次可就不能再不留心吧。要审查一下自己的动机。再婚的原因到底是什么？是因为遇到了真正合适的人、真正可以委身的人，还是因为别的原因？再婚之前，我们需要好好地考虑一下动机。在此我要提醒再婚朋友，要认真检视自己的动机，如果有以下不正确的再婚动机，就一定要及时喊停。

1. 情感缺陷，孤单寂寞

很多人离婚的时候非常痛苦，不管是男人还是女人。这时，常常就会有一些异性好朋友，特地来安慰、鼓励、倾听，也正是这时候人最容易掉入情感陷阱。因为在你情感最脆弱的时候，有另一个人来安慰你，是非常危险的。有时你并不是真正爱他，而是因为那种被安慰、被倾听的感觉特别好，使你不知不觉陷进感情的漩涡。这里也要再次提醒，一个人离婚以后最好能够等两年再进入下一段婚姻。当然，两年也不只是时间上的等待，应该要以心灵得到医治为标准，最好能有人辅导，这是较谨慎的态度。

2. 报复心理，证明自己有人要

如果第一次离婚是因配偶外遇导致的，被弃的一方就容易产生这种报复心理。为什么报复呢？为了证明"我还有人要"！不管是男人还是女人，我都碰到过。他结第二次婚的目的，就是要证明"我有人要，而且找更好的来气气之前的配偶"。这也是非常危险的。

因配偶有外遇而被动离婚者的心里都会受伤，自我形象也会受损，会问"我是不是没有人要？""为什么他要离开我？"这样的问题。这种时候你可能只是为了赶快证明"我能嫁一个比你更好的"或者"我能娶一个比你更好的"而再婚。但是这样的结婚动机是非常不理智、不正确的。

3. 传宗接代

来自父母、家庭的催促，可能还有年龄的压力、传宗接代的压力等也常常会让失婚者比较不理智地走入下一段婚姻。

4. 生活压力

单亲的生活压力、经济负担也是一个很大的问题。特别是单亲妈妈，常常因生活压力很大，又没有人分担家务，此时就很希望有一个肩膀可以依靠，有一个人可以帮上一点忙。这也使你可能在没有机会看清楚对方的时候就进入下一段婚姻了。

5. 性欲的需求

因为结过婚，有过性经验，所以很多时候因耐不住寂寞、孤单，欲火攻心就随便找一个人结婚。

6. 安身之所，有房住

有些人为了能早点分到单位的房子，或者想赶快有个安居之处，就饥不择食地嫁娶了。

7. 身份的取得，移民国外

因为经济的压力，或者在物质上有需要，可能就认为只要对方有房子、经济条件好，或者可以移民到国外就行了。这样的再婚动机很不正确。当然，如果你真的觉得这个人是你所爱的，那就没话可说，但是如果你把这些条件放在真爱之前，就会比较危险。

8. 被需要的渴求，救世主情结

不管是第一次婚姻还是第二次婚姻，都有可能出于同情而结婚。你觉得这个人很可怜，若不帮他，谁能帮他？你有一种救世主的情结，希望扮演英雄救美的角色。这不是因为你们之间真正有感情，而只是同情，这样的婚姻根基是不稳固的。

9. 逃离第一次婚姻，想找更好的

为了逃离原来的家庭，这在今天的社会是非常多的，就是嫌自己老婆太啰唆，烦透了，或者看到另外一个更漂亮的，更有气质的，或者看见另外一个比你原来的更好，这些都是我所谓的不正确的再婚动机。就像我前面提及过有一位女士，第一次嫁的是好吃懒做的，第二次就找一个勤快的，结果找了一个工作狂，再次面临婚姻危机。有一点要清楚，婚姻不是换人的问题。你自己要成熟之后才能进入下一段婚姻。我们要的是一个美满的婚姻，而不是一个破

碎的家庭。因为我看见很多婚姻问题有的时候不是婚姻本身的问题，而是当事人在结婚之前太随便了，随便结婚才容易造成随便离婚。所以，在再婚之前，最好能够了解清楚对方再婚的动机。

我们常常认为解决婚姻问题的唯一办法就是离婚。这就好像倒洗澡水，把孩子也一起倒掉了。事实上，我们是可以既解决婚姻问题，又保住婚姻的。离婚不一定能解决婚姻的问题，因为离婚以后可能会有更多的问题。

四、钱财的支配

再婚所面临的另一个问题就是钱财的问题。再婚比前一次的婚姻更困难的另一个原因，也在于金钱处理上的复杂性。再婚后什么钱该谁出？有没有赡养费、儿童抚养费的额外支出？财产将来怎么分？这些都是再婚者要考虑的。还有，到底两个人再婚之后有没有共同的账户，还是你用你的钱我用我的钱？谁出得比较多谁出得比较少，都会带来很多的困扰。

如果处处防着对方，互相隐瞒收支情况，甚至各怀鬼胎就很危险。在国外，再婚前双方有时候会事先签个婚前协议书。这是因为怕再离婚的时候，自己以前所拥有财产被分走了。

五、过去的情结

再婚时还有一个挑战，那就是再婚者常常会把过去的一些包袱带到新的婚姻中去。对于一个妻子来说，在不得不面对丈夫在婚后还常常关心他的前妻的时候，她的感觉一定是很奇怪的。但是离异者又常常因为共有的孩子而来往，因为这份血缘关系是切不断的。

再加上过去姻亲的关系，都可能影响再婚者的婚姻质量。

因丧偶而再婚者是不是也面临同样的问题呢？回答是肯定的。丧偶者多半会怀念前配偶的好处，以致让现任配偶感觉活在阴影中。有一位男士就曾告诉我说他很困扰，因为他太太在世的时候说过不希望他再婚，要跟他永远在一起，所以她的骨灰就一直放在家里，而且家里还放了许多前妻的纪念物。有谁敢嫁这样的人？如果再婚，新太太怎么受得了？过去的情感连结会影响到现在的婚姻，如果不妥善处理的话，会给后来的婚姻带来许多问题。

谈 离婚 单亲与再婚

柳暗花明
走过 婚姻风暴

18

重组家庭的重要守则

　　不管是第一次，还是第二次，要结婚就会有挑战，因为婚姻本身就有很多挑战：金钱、姻亲、男女关系、孩子的管教、忙碌等。此外，谁是一家之主，夫妻各自角色的期望又是什么，这些都会对现代婚姻家庭带来冲击。

　　大部分人都希望自己的配偶能够达到某一个标准。像我的老公，自然就期望我能达到我婆婆的标准。也就是说，最好能做三餐，且三菜一汤，而且能将家里打扫得干干净净。但是对于我来讲，我的婆婆若是90分，我再怎么努力也只能达到60分。所以在我们起初几年的婚姻中就产生了很多矛盾。

　　据专家研究，婚姻家庭最大的三个矛盾是金钱、性和孩子的教育问题。当然，这些都和原生家庭有关，与两个人个性的差异有关，也与两性之间的差异有关。这是在任何婚姻中都需面临的挑战，婚姻家庭本身就是一所学校，夫妻双方要不断学习，不断成长。不离婚并不一定代表幸福，有的只是勉强维持。

人人都希望有一段美满的婚姻，一个幸福的家庭。但是幸福和美满，都是需要付出代价的。第一次需要付代价，第二次就更需要了，因为第二次比第一次更困难。如果第三次，离婚率就会更高。所以再婚需要付出更多的努力，这和第一次的婚姻是有所不同的。

再婚的家庭，必须有再婚的艺术。第一，要有爱心、耐心和毅力；第二，要重视再婚者的心理健康；第三，要智慧地管教孩子；第四，要勇敢、有决心、负责任地往前走；第五，在钱财上要透明。

一、爱心、耐心和毅力

再婚的离婚率之所以比较高，是因为重组家庭的经营格外不易，特别是有孩子的，一定要有极大的耐心、爱心和毅力。一般来说，婚姻专家，特别是研究再婚的专家，都提到至少要有五到七年的适应期，才能让婚姻顺利起来，不要操之过急或轻言放弃。

有一位太太跟我说，她的第二任丈夫有一个8岁左右的小女孩。当她和丈夫牵手逛百货公司的时候，这个小女孩会突然冲出来把他们的手拉开，然后自己牵着她爸爸的手。这个小女孩心里不平衡，因为她觉得有人抢走了她的爸爸。这个女士格外不容易，因为她成了这个小女孩的竞争者。

再婚者特别需要有耐心、有爱心，要了解儿童的心理。因为不管是丧偶还是离异，孩子都失去了亲生的爸爸或者妈妈的陪伴呵护，对他来讲都是一种创伤和伤痛。孩子不知道怎么表达她的感受、情绪，所以会用一种负面的行为来引人注意，甚至故意招人讨厌，其实他想要表达的是"我需要你的爱"，所以一个继母如果能体谅儿童的心理，她就能够更多地付出爱和耐心。

在再婚的过程中，不要轻言放弃。有人刚再婚，就发现天下大乱，自己没有办法承受这样的压力和变化，可能一下子就又离婚了。这是很可惜的，因为再婚的适应期本来就比第一次婚姻的适应期更长。其实，挣扎期过去以后，这个困难的状况会有所转变。

二、要重视心理的健康

离婚后，对于男女的两性关系，通常有两极化的反应。有人可能从此不敢结婚，因为"一朝被蛇咬，十年怕井绳"，再也不敢跨进去。另外一种人则不再相信专一的爱情，因而放纵自己。这两种都是不健康的心态。离异者千万不要放纵情欲，因为我们应该对自己的人生负责任，特别是有小孩的人，尤其应该给孩子树立一个好榜样。

还有一种不好的情况是讨厌异性，可能因为离婚过程中有太多的创伤，以至于不敢再爱，不敢再投入感情。当我们谈到再婚时，有一位女士说："男人没有一个好东西。"我吓了一跳，对她说："如果你继续有这样的观念，将来你女儿的婚姻不是会很危险吗？"所以要非常留意，找出自己在上一段婚姻中当负的责任，调整心态，勇于面对，并且积极寻求医治。要想两个人的婚姻美满，了解和认识自己是非常重要的。

再婚的夫妻切忌把杯弓蛇影的负面心态带入家庭中。如果上一段婚姻是因为外遇而离异，那么第二次的婚姻中就需要特别留心，常常反省自己是不是有不必要的多疑和猜忌。先生如果跟别的女人交谈，或者晚回家，太太不要把气氛搞得太紧张，一天到晚查勤。有的人发现先生没有接电话，就不断地发短讯，然后对先生大发脾气。这种过度猜疑造成的困扰就是因第一次婚姻所受到的伤害而引起的。这种心灵的创伤如果不得到彻底的医治，就会在第二次婚姻中引发心理障碍。

心理的健康是非常重要的。再婚者都应该扪心自问：上一段婚姻到底对我产生了什么影响？我从中学到了什么？我应该怎样调整自己？我应该如何做才能不让第一次的婚姻影响到第二次的婚姻。当然，反过来这个人如果是你的配偶，你也要能体谅对方过去的伤害，接纳他的过度反应。

另外，千万不要有与配偶的前夫或前妻作比较的心理。因为两个人全然不同，要用新的眼光看待现在的配偶，接纳配偶的全部。不要再回到过去，人生的道路是自己选择的，选择了就只能往前走！有一位因丧偶而再婚的女士坦诚地对我说，直到参加我们的营会以后，才知道她多么亏欠现在的配偶，因为她仍时常怀念她的亡夫。

三、要有智慧地管教孩子

孩子常常是再婚家庭的最大困扰。曾经有一个单身女孩子，打算嫁一个离婚的人，对方有两个小孩。我对她说："对方有两个小孩，你要多考虑哦！"她说："我相信没问题，因为我是幼儿园的老师，什么孩子我都可以搞定。"结果婚后她遇到很多困难，因为小孩在不同时期的情况是不一样的！她在工作中遇到的是比较小的孩子，而家庭中如果是遇到青春期的孩子就更难了，因为青春期本身就有许多难题。所以再婚的家庭要美满的话，再婚者要用智慧来管教孩子。

当然，你也要体谅孩子，不要勉强孩子管你叫妈妈或爸爸，因为孩子可能有心理上的不平衡、莫名的愤怒，甚至有可能还在希望自己的父母复合。这时候亲生父母一定要时常和孩子单独约会，让孩子知道父母不会因为有了新的另一半就减少对他们的爱。

通常专家们都这样建议：让亲生的父母负责管教，继父（母）则负责关心和爱。也就是说非亲生的父母应尽量扮演一个爱的角色，这样的话问题会减少很多。因为对于非亲生的爸爸或妈妈，孩子通常不太容易接纳，所以要用时间证明你对他的爱，然后建立孩子对你的信任感。如果双方都有孩子，就绝对不要有任何偏见或偏心，一定要一视同仁，视如己出。

这一开始通常都不太容易做到，但是发自内心的持续的关爱就会唤起孩子的感情。我有一对再婚的夫妇朋友，这个太太就非常有智慧，知道怎么和先生的两个孩子相处。她很聪明，很会把"情感存款"存在孩子身上。男孩到了青春期，非常能吃、爱吃，一回家就希望能有东西吃。所以她常常在孩子回家的时候，赶快做他最爱吃的食物。当孩子带很多朋友回家的时候，她常常扮演支持孩子的角色，做吃的给一大群孩子享用。他们再婚的婚姻非常美满，因为这个太太知道怎么做"第三国存款"，就是存在孩子身上，用心在孩子身上。男孩上了美国加州大学伯克利分校后，给这位女士买了一件T恤，上面写的是"Berkeley's Mom"，她激动得掉泪，因为孩子真正从心底接纳了她这个继母！

四、和前配偶的互动（过去的情结）

在华人中离异的夫妻能好聚好散的不多，但请记住孩子是无辜的，永远要和前配偶一起合作，把离婚对孩子的伤害降到最低！因此，再婚的夫妻要能彼此支持和体谅，不要计较配偶的过去，要能够爱乌及屋。

但是与前夫或前妻除了因为孩子有必要的联系外，不要再有任何牵扯不清、藕断丝连的事。你只有一个家，千万不要让前配偶成为第三者，影响到你现在的家庭。有时候人的天性是不珍惜既有的，反而去怀念过去，这种这山望着那山高的心态，会成为再婚生活幸福美满的阻碍。

一旦进入第二次婚姻，千万不要拿现在的配偶与前配偶比较。特别是丧偶的，有这种想法的人比较多，男女我都碰到过。他们很诚实地对我说：结婚很多年，心中仍然有一个"最爱"在那个地方，是现在的配偶不能填补的。因为通常人过世后，我们所怀念的都是许多美好记忆。但是如果已经再婚，你还带着那份依依不舍的感情，忘不掉那个人，那第二次的婚姻就很难美满，对现任配偶更是不公平。如果还要住在原来的屋里，那最起码床要换掉！

当然，为了孩子必须与前妻（夫）互动，但要注意不能再重新投入感情，或者活在对前配偶的愧疚中。再婚夫妇在过去的情结上，一定要斩断情丝往前走，因为你要对现在的家庭负责任，要勇敢地向前走，而不是一直回头看，那样做对你当前的婚姻只会是减分，而不是加分。

有一些太太，离了婚以后还是很想念前夫，即使前夫已经再婚，仍希望有一天他会再离婚，重新跟自己复婚。但是我奉劝这些人，不要去做"第三者"，不要再去破坏另一段婚姻，人生只能继续往前走。如果对方有了新的家庭，你再把他抢回来，这个社会就要大乱了。

五、钱财上透明

曾经有一位女士说道："有件事让我真不舒服。有一天，当我老公的女儿和我们一起去逛街，口渴要喝饮料的时候，他竟然只给自己的孩子买，却要我各付各的。"你想想这个太太怎么受得了？对于一个女人来讲，虽然她也出得起这个钱，可是就是很受不了，因为她没有感觉到丈夫对她的爱。事实上，这是他们再婚前就讲好的，两人各自赚的钱，仍放在自己的账户上，什么钱该谁付都讲清楚了。但是"你付你的钱，我付我的钱"，还是会带来情感的困扰。

当然，再婚在钱财划分上确实有它实际的难度，因为有太多现实的"你""我"之分，如"我带来的钱""你带来的钱""你的房子""我的房子"等。婚姻的一方如果在前次离异时，在财产的分配上吃过亏，那么在再婚时就更会下意识地保护自己，甚至要签下婚前协议书后才敢结婚。这也是可以谅解的。所以，再婚者在处理钱财问题上要互信互谅，将心比心，除特殊情况外，双方应尽量能毫无保留地共同支配一切财务（用一个账户），这样才能有一体的感觉。我认为在钱财上最好能够透明，双方才能达到如胶似漆，合而为一，真正做到你的就是我的，我的就是你的。

谈 离婚
单亲与再婚

柳暗花明
走过 婚姻风暴

虽然再婚比第一次婚姻更需要用心经营，而且比第一次更不容易，但是再婚者也可以经营出一段美满的婚姻来。我有一对夫妻朋友，太太第一段婚姻因先生有外遇而告终，现在的先生则曾经在婚姻里面一直受到前任老婆的蔑视。这两个人再婚之后都非常珍惜彼此，到现在他们的婚姻仍然非常美满，因为他们都觉得很不容易能够再拥有一个美满的家庭，所以都很用心地经营现在的婚姻。

一次跌倒绝不能断定我们人生的成功或失败，跌倒了可以站起来再往前走。我们不怕跌倒，只怕不肯站起来往前走。我相信我们都可以走出阴霾，活出一个亮丽的人生。

下面让我们来看一个离婚又再婚的案例。文章的作者是我们夫妻营会的学员，在他们来营会之前，这第二次的婚姻也几乎走到尽头了，如果再找不到解决的办法，他们将要再一次选择离婚。

19

爱是一切？
——林丽的真实故事

　　中国有句关于爱情的名言："婚姻是爱情的坟墓，没有婚姻的爱情将死无葬身之地。"十年前，为了给我的爱情找一个归宿，我早早地步入了婚姻的殿堂，所谓"早早地"，不是指年龄太小，而是说还没有对婚姻、对自己和对方有足够的了解。所以，当我结婚后才发现，原来婚姻真的是爱情的坟墓，激情过后才发现原来你所选择的男人并不是你想象中的完美情人。我决定"死里逃生"，于是选择了离婚。后来才知道，其实，我只是选择了逃避问题而不是解决问题。

我是第三者

我之所以离婚与我现任丈夫有关。他是我从前的上司，英俊潇洒，事业有成，成熟稳重，谈吐优雅。我把他当成了好男人的典范，把他和我前夫一比较，就觉得一个在天，一个在地。所以每次回家看到成天失业在家的老公，怎么看怎么不顺眼。而我现在的老公和我一样，他之前的妻子比他大两岁，身材特别魁梧，文化程度也不高。后来我才知道，我也是他心里完美情人的形象，他总是拿我和他前妻作比较，觉得我小巧玲珑，活泼可爱，温柔善良，知书达礼，聪明能干。他的前妻和我在他的眼里，也是一个在地，一个在天。

我们因为工作的关系频繁接触。由于我是他的得力助手，他经常带着我出差，而我也很乐意和他一起出差。在频繁的交谈中，我们发现我们的思想是如此接近，为人处世的方式是如此相似，家庭的不幸也是如此雷同。很自然地，我们走到了一起。

各自离婚

我离婚很顺利，因为前夫一直觉得对不起我，没能力给我一个女人想要的幸福。而且他从一开始就欺骗了我，在他追求我的时候，其实他还没有离婚，而我一直被蒙在鼓里。自从我知道自己从一开始就被欺骗时，我们的婚姻就已经名存实亡了。所以当我们离婚的时候，他只希望我不要恨他，他是真心希望我幸福的。虽然他当时费尽心机想得到我，最后还是愿意放弃我。我很感动，虽然从来没有发自内心地爱过他，但我知道他对我的爱是真实的，是可以为我付出生命的那种爱，虽然他带给我的伤害也是真实的。

我现任丈夫跟前妻的离婚过程很艰难，整整花了两年多的时间，我们在痛苦的煎熬中度过。他的前妻非常爱他，而且非常依赖他。20年来，她为他无怨无悔地付出。二十多年前，是她追求他的，当她在19岁丧母的那天扑进他的怀里，他就因为同情接受了她，那个时候，他只有17岁。他们因为同情而结合，她为能嫁给这么出色的男人而欣喜，于是心甘情愿地付出自己全部的爱，而他则因此习惯了被爱，习惯了饭来张口，衣来伸手。

这样的日子波澜不惊，如果不是由于我的出现，如果不是由于他40岁才第一次疯狂地爱上一个女人，这样的婚姻也许真的能走完一辈子。可是，我不经意地就进入了他的生活，当他跑到我曾经工作的银行找我的行长谈判，希望行长能让我到他的公司上班的时候，也许我们就注定了今后的相知相爱，只是没想到我们的爱会深深地伤害另一个女人和我们自己。

惊天动地的爱

我其实是一个非常传统的女人，上大学的时候，同学告诉我说孩子是从肚脐生出来的，我一直深信不疑。为此，我在国外上大学的时候，被视为异类，因为我对男女之事毫无所知，我以为男人只要吻了你，你就可能会怀孕，就必须嫁给他，我的前夫就是这样成为我的丈夫的。我曾经认为如果我会离婚，这个世界就没有一个女人不会离婚，因为我不可能接受我的生命中有两个男人。可是，就是我这样的人，不仅离了婚，而且还成为破坏别人婚姻的第三者。我和他都无意伤害任何人，可是我们真的相爱了，也真的深深地伤了爱我们的配偶。

我们爱得惊天动地，魂不守舍，几乎所有书本和电视剧所描述的爱恨情仇，我们都经历了，以至于我们决定一定要一生相守。对他来说，这是个痛苦的选择。如果离婚，将伤害一个为他付出20年心血的女人，他对这个女人虽然没有爱情，但20年的患难与共已经成为他生命的一部分。他们虽然没有了男女之间的爱情，却已经转化为姐弟之间的亲情！

她不很出众，一直是他觉得带出来很丢面子的妻子，但却是实实在在爱他超过爱自己的女人，是女儿的母亲，是父母眼里贤慧的儿媳。虽然这个女人在结婚前身体就很差，整天和药罐子打交道，却并没有因此给他增添太多的麻烦，而且还一直照顾他的生活起居，也有一份稳定的职业。

可是如果他不离婚，我一定会离开他，因为我不可能甘愿一辈子做别人的第三者，而如果他的生命中没有我，他觉得自己也是生不如死，会一辈子活在痛苦和懊悔中。他犹豫了，他无力伤害一个善良的女人，也不愿放弃生命中可遇不可求的真爱。

千金难买早知道

如果我早点明白事理，我就不会鼓励他离婚，因为我已经懂得婚姻的真谛；如果我早点领悟，我就会换位思考，也能体会到他前妻的痛苦。

可是那个时候，我们都被爱情蒙住了眼睛，我认为她才是第三者。我无法理解她：为什么这个男人已经不爱你了，你还死不放手？她用死亡威胁说："离婚可以，除非我死了。"他彻底绝望了，不敢再提离婚的事。可是，他的心也死了，他选择了冷漠，他不愿意回家，他痛苦不堪。

整整两年时间，我们在这种状态下备受煎熬，他求我，让我给他时间，说他一定可以解决，只是需要时间。而我，一个外人眼里的成功女士，一个朋友眼里拥有国外硕士学位又兼具中国传统妇女美德的女人，竟然做了两年多的第三者。

我们是在我30岁的时候相爱的，那个时候的我年轻可爱，许多人都以为我还未婚，就像大学刚毕业的小女生。可是经历了两年的煎熬后，所有人都看出了我的憔悴和苍老，我在两年里像是老了10岁。所以说，没有经历过痛苦爱情的人，不懂得真爱；可是在痛苦中经历爱情的个中滋味，实在不好受。那个时候，我和我的现任丈夫都成了诗人，写出来的情诗都能把自己感动得一塌糊涂。

剪不断理还乱

没想到2007年春节过后不久，他的前妻突然向他提出了离婚，她写好离婚协议书，也准备了所有的离婚资料，要求他把上千万的财产全部给她，而把所负的债留给了他。其实，她是认定他不会同意的，因为谁会愿意放弃奋斗20年的一切财产，而且还要背负一身的债！没想到他却很爽快地在离婚协议上签了字。就这样不到一个星期，他离婚了，而且很平和，很顺利。虽然他成了一个一无所有而且负债累累的男人。

相爱容易相处难

我和他历经千辛万苦，好不容易才走到了一起。本来以为王子和公主从此应该过上幸福美满的生活了，但是，新的问题又出来了，我们再次有了"出生入死"的感觉。我以为我的第一段婚姻不幸福，是因为我不爱那个男人，他的婚姻不幸福，是因为他不爱那个女人。可是我和他却是爱得死去活来的啊！他为了我放弃了千万家产，放弃了深爱他的女人，放弃了一个维系了20年的家。而我也为了他，放弃了一个深爱我的男人和全部的财产。我们是那么的相似，我们没有理由不幸福啊！

我和丈夫很特殊，别人有一个原生家庭，就已经问题多多，更何况我们曾各有原先婚姻家庭的包袱。他是被前妻宠坏的男人，对妻子有严格的要求，每天要把家打扫得一尘不染，要能够孝敬公婆，把丈夫当国王一样伺候；而我也是被前夫宠坏的妻子，从来没有做过饭，害怕和公公婆婆住在一起。

我是南方人，喜欢吃海鲜，而他是北方人，一吃海鲜就过敏；我喜欢熬夜，晚上从来不在12点以前睡觉，而他晚上10点以前必须上床；我喜欢交朋友，而他喜欢安静，不喜欢带朋友到家里。我因为家庭富裕，花钱大方，而他勤俭节约；我管教孩子原则性很强，而他很宠孩子。我在外是成功女性，不免有应酬，但是他不喜欢我晚上应酬，希望我能把所有精力放在家里。我很有主见，独立自主，所以不论是公事，还是家里的事务；我都要发表意见，而他希望我绝对服从。

我的父母因为从小管我比较严，到现在还一直关注我，而他不希望我整天被娘家人左右。更要命的是，自从他成了基督徒以后，他觉得自己罪孽深重，对不起前妻和孩子，经常要发一些短信来安慰她们，甚至公司为他买的高额保险，受益人也写的是与前妻所生女儿的名字。

每次当我们意见不统一的时候，他就认为我不能理解他，如果我真爱他，就应该赞同他所做的一切事，包括他对前妻的关怀。而我实在找不到理由来辩驳，按他的理论，就连普通朋友都应该关怀帮助，更何况是曾经深爱过他的妻子。他甚至希望我能和他一起去帮助她。我一想也觉得有理，可是每次看到他给前妻发的安慰的短信，我就气得要命。

当我们在婚姻里最痛苦，找不到方向的时候，美国的何老师和师母来到我们中间，为我们解答难题。我们参加了夫妻营以后，才明白我们习惯以自我为中心，希望按自己的标准塑造对方、改变对方。其实当我们愿意谦卑顺服，愿意为爱改变自己的时候，对方也会随着改变。

就在我们婚姻走到尽头，近乎绝望的时候，我们的爱情、婚姻和孩子都得到了拯救。我们现在的婚姻生活终于开始渐入佳境。

伤者伤人

我的前夫因爱我而不惜使用欺骗的手段得到我，最后，这份爱不但伤害了我，也伤害了他自己，以至于他现在都不愿再谈婚论嫁。我丈夫的前妻爱他，爱到没有自我，没有原则，做牛做马，像保姆一样伺候了他20年。可是，这份爱却没有得到她所期待的回报，当他选择了离婚时，受伤最深的也是她。但是他在伤害前妻的同时，自己不也被深深地伤害了吗？

我和丈夫彼此深深相爱，却都为彼此放弃了原来的家庭和财富。可是当我们伤痕累累地走到一起的时候，两颗被伤得支离破碎的心重新结合在一起的时候，谁能说我们不是在彼此伤害呢？

一切与爱有关，但因为我们不懂真爱，停留在个人主观的爱里，不断地伤害别人，或者被别人伤害。婚姻本该是受祝福的，我们本该在婚姻里学习爱，在爱里成长、成熟，让婚姻成为享受，并成为他人的祝福。可是我们却把本该美好的婚姻变成了爱情的坟墓。如果说，婚姻是爱情的坟墓，那我相信这个坟墓是我们自己挖掘的。

婚姻的基石

今天，我和我的丈夫能够不重蹈覆辙而正确经营我们的婚姻，不是因为我们有能力，而是上天的恩赐。我们知道，只要我们认识到自己的无知与错误并及时沟通，我们的婚姻就会出现转机。现在我们虽然还要面对挑战重重的未来，但我们有信心把婚姻建造成美丽的殿堂。

　　非常谢谢本文的作者，她是个勇敢的人，为了使更多的人可以明白婚姻的真谛，她将自己的隐私完全曝光。我们看见他们为了追求"爱情"不顾一切，换来的却是另一段不愉快的婚姻。若不领悟婚姻的真谛，很可能这第二次婚姻又要以离婚收场。《圣经》上说：民因无知而灭亡。当我们不了解婚姻，不了解自己，不了解配偶时，我们的无知不仅让自己受苦，还会伤害许多无辜的人。

谈 离婚
单亲与 再婚

柳暗花明
走过 婚姻风暴

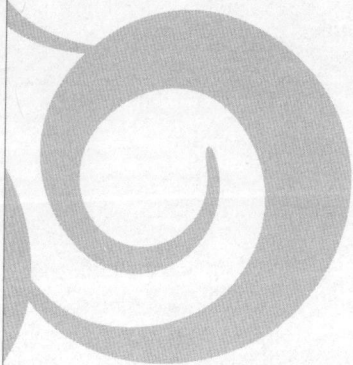

20

美满家庭的蓝图与要素

据美国《世界日报》（2012年2月28日）报道，41%的婴儿是未婚妈妈所生。美国爱家协会（Focus on the Family）创会人杜柏森（James Dobson）博士预测，将来每个小孩会有好几个父母，以及六七个祖父母，在美国，家庭解体将会是个严重的社会问题。

婚姻其实是一门学问，只是我们不知道如何研究它，而盲目地以为公主与王子结合，从此就会过上幸福快乐的生活。童话是美丽的，也是虚幻的，而现实生活中的我们却需要实实在在地用心建造与经营，才能拥有真正美好稳固的婚姻和家庭。想要进入像天堂般美好的婚姻，不落入地狱般痛苦的婚姻，需要从改变自己做起。我个人有一个信念就是：婚姻和家庭一定会成为享受，而不是忍受。

你可以试着为自己的婚姻打分，如果你的婚姻让你痛不欲生，水深火热的，那就是20分；如果你的婚姻，貌合神离，各自为政，大概只有50分；你的婚姻若只像在负责任尽义务地过日子，平淡无味，则是70分；如果你们的婚姻能走到相知相惜，如胶似漆，那么恭喜你们，已经有90分以上了。

在此，我愿与您分享如何构建美满家庭的七个要素。

一、忠贞地彼此相待——建立互信的家

一般而言，不管是第一次结婚还是第二次结婚，夫妻双方都要有一个正确的婚姻观。一旦进入了婚姻，就希望夫妻双方能够坚持"六个一"的婚姻观："一男一女，一夫一妻，一生一世。"

没有一对幸福美满的婚姻不需要互相忠贞、信守终生盟约的。这里的盟约就是山盟海誓，至死方休的盟约。它和一般有条件、有期限的合约是截然不同的。然而当今社会人们道德水平下滑，放纵情欲，随意发生"一夜奸淫""网络奸淫"，还美其名曰"一夜情""网络情"。外遇（包括精神出轨）已经成为当今婚姻的头号杀手。然而，幸福美满的婚姻来自对自己誓言的谨守，对家庭的委身，对家庭责任的持守。期望我们大家都能看重婚姻家庭的教育，培养健康、健全的下一代。

中国政府一直致力于创建和谐社会。我深信要创建和谐社会，就要先建造一个和谐家庭，因为家是社会的最基本单元。家庭如果崩溃，社会整体必然瓦解。对于个人来说，任何成功都弥补不了家庭破碎的痛苦。对于社会来说，任何成功最终都将因世风日下、家庭破碎而失去和谐。不忠贞的婚姻所带来的混乱，是可想而知的。

我跟我先生因工作关系，两个人常常全世界到处跑，但是我们有一个约定，就是分开绝对不能超过一个月。因为我认为夫妻

分开，是对人性很大的挑战，分别久了，感情很容易就淡了，对婚姻和家庭有很大的杀伤力。我们绝不能因工作而牺牲掉自己的家庭。一个事业成功的人，如果忙到家庭破碎，妻离子散，那是何等的悲惨！

二、恰当地表达真爱——建立温馨的家

据统计，浪漫恋情的平均寿命是18～30个月，因此婚后夫妻仍应努力营造爱的氛围，彼此经常地传递爱的语言，婚姻的气氛才会得到改善。婚姻辅导专家盖瑞·查普曼（Gary Chapman）在他的《爱之语——两性沟通的双赢策略》一书中，归纳出五种爱的语言。他认为虽然每个人在表达爱时所使用的语言都可以归入这五大种类，但是很少有夫妻使用的是完全相同的爱的语言。也就是说，一方所要传递的信息常常是另一方所不能接收到的"外语"。所以，几乎所有的夫妻都得学习另一半的爱的语言，才能顺畅地表达爱，其沟通才会有效。爱不仅是个名词更是个动词，所以我们要学习以下这五种爱的语言。

1. 好言好语

要非常注意话语的表达。好言好语并不一定是指很多的甜言蜜语，而是指要留意时刻称赞、鼓励和感谢的人，因为鼓励永远比责罚有效。据相关统计显示，男士们最需要的就是好言好语，因为丈夫需要妻子的尊重与鼓励。所以，妻子必须学会如何流畅使用这种爱的语言。

2. 精心时刻

好的人际关系都需要付出时间的代价，因此家人一定要花时间在一起（用餐、度假……），才能创造美好回忆。婚后继续约会，学会倾听妻子的心声，将是丈夫成功体贴的秘诀！

3. 肌肤之亲

爱的关怀（拍拍肩、拉拉手）或拥抱对方，是多数人感到温暖贴心的一种体验。夫妻的性生活常常是婚姻的温度计，因为诸如外遇等问题常常始于性生活的变化。

4. 真心照顾

主动积极地承担自己应承担的家庭责任，不忽略小事，如洗碗、倒垃圾、换尿布、夫妻相互按摩等，用心了解家人的喜好，谦卑地照顾他人。

5. 温馨赠礼

礼轻情意重。用心记住家人生命中的重要时刻，如生日、结婚纪念日等。这可以带来意外的惊喜与欢乐！

在婚姻中学习有效地表达爱是非常重要的。夫妻双方常常感受不到相互间的爱，原因就在于不明白对方想要的，不懂对方的爱的语言。例如，太太生日的时候，你所买的蛋糕不是太太喜欢的口味而是自己所爱的口味，这如何让她感受到你的爱呢？爱是满足对方的需要，所以一定要用对方喜欢的方式去爱。

有一位先生很擅长说甜言蜜语，但是他的太太却说："不要讲那么多，赶紧帮忙倒垃圾吧！"可见，这位太太所要的爱是具体的行动，而不是口头的空话。又有一位先生，自认为非常爱他的太太，因为太太生日、结婚纪念日时，他都会送名贵礼物，但太太并不满足，因为她只希望他能多说几句"我爱你"。因此，明白你的配偶所想要的爱的语言是非常重要的。

三、成熟、舍己的性格——成熟的我、健康的家

根据我多年来的体会，婚姻的坟墓就是无知与自私。无知是因为我们从小到大所受的教育里，没有与交友、恋爱、婚姻、家庭相关的课程，也没有人际关系、沟通技巧、处理冲突、怒气管理等课程；而自私则是因为我们都希望通过改变对方来迎合自己的心意。我常送给夫妻双方这么一句话："在婚姻中想用自己的方法改变配偶，这只是一个神话。"取得美满婚姻的关键在于改变自己。还有另一句话也非常重要："在婚姻中如果一直不肯改变自己，必然会导致悲剧。"如果有人说："我就是这样的，你能怎样？"这样的婚姻若以离婚收场就不足为奇了！

两个成熟的人结合，才能有健康成熟的家！因此，如果先生希望太太晚上好好伺候他，白天就要尊重体贴她。同理，太太若希望白天丈夫温柔以待，就别忘了晚上能让他好好做个皇帝。

四、不断地规划与成长——建立稳固的家

两个原本相爱的人为什么会产生这么多问题，甚至搞得跟仇人一样？因为人生的路程是动态的，婚姻更如同逆水行舟，不进则退。正如孩子在不同的阶段，父母就须有不同的效能训练一样，我们要不断地规划人生。不单要在孩子教育、财务、养老等方面有规划，更要在夫妻及亲子关系上悉心去经营规划。夫妻双方可以针对婚姻家庭中的夫妻关系、亲子关系做个学习计划，有条件的夫妻应该通过参加夫妻营、亲子营等方式来学习这方面的知识。家人要花时间聚在一起，让家充满爱与欢笑，共同创造美好回忆。孩子将来上大学后，想不想念家，就得看你现在经营得怎么样了。

2001年发生的"9·11"事件，纽约的双子星大厦在十几分钟内就被恐怖分子撞毁继而倒塌。想一想，它的建造要花多少年的工夫。同样，婚姻家庭的建造也是一砖一瓦心血的堆积。如果不好好经营婚姻，一旦"恐怖分子"来袭，出现家破人亡、一切归零的状态将是多么的可悲！

一般来讲，女人比较有危机意识。如果一个婚姻的满分是10分的话，那么女人通常感觉只有2~3分，男士通常会觉得有7~8分。因为男士们常常认为，能赚钱养家就算是个好丈夫、好爸爸。他们的自我评价大概就是这样的，他们不知道女人感性的需求比较多。当婚姻亮黄灯、亮红灯时，如果这个男人还感觉不到的话，那么他的婚姻就很危险了。男人常常以事业为导向，通常觉得结了婚，太太就是不动产，已经到手了，于是开始忙于追求他的事

业而忽略太太的感受，因此家庭就容易出现危机。有些夫妻甚至会渐渐走到食之无味、弃之可惜的地步，或者是貌合神离、各自为政。很多男人被自己的事业或者是嗜好占据了全部的心思，因此女人就成了"寡妇"。这不是指真正意义上的寡妇，而是"电脑寡妇"，或者是"高尔夫寡妇"，她的另一半被别的事情吸引走了。

　　我常建议女性要有智慧，要化被动为主动。你不能靠骂把老公骂回来，因为通常男人是越骂越反感。你可以主动计划旅游，但是不要用命令的方式，因为那会让他觉得你在支配他的生活。你可以给他三道选择题，第一到什么地方，第二到哪里，第三又到什么地方。反正都是出去，去哪里就让他去选择好了。在结婚纪念日，或者你的生日时，你可以说："可不可以送我一个礼物？"要有智慧地调动你们婚姻的乐趣，化被动为主动。

　　我自己也是这样慢慢改变过来的。从前到了我生日那天，若到下午还没等到老公的礼物，我就会很生气。但是他跟我不一样，因为他的原生家庭不是那么看重过生日。后来我学聪明了，就化被动为主动，因此在我50岁生日那一年，提早两个月就跟他说，结果就如愿以偿地到夏威夷一边出差一边度假了。主动将需求提出，就不容易失望。如果女人把心事都放在心里不讲，偷偷期望他能做点什么，结果期望越高，失望就越大。所以最好的办法是干脆用一点策略，化被动为主动，让爱火重燃。

五、幽默的沟通协商——建立欢笑的家

沟通的目的不是争个你死我活、输赢对错，而是要解决问题，强化关系。沟通的第一步是学会倾听，专心聆听，不打断对方说话，向对方表现出无条件的接纳与尊重。尽量弄明白对方说的话和他（她）的感受，然后再清楚表达自己的想法和感觉。

回答要柔和，态度要诚恳，因为沟通中的肢体语言是非常重要的。正如《雅各书》1章19节所说："你们各人要快快地听，慢慢地说，慢慢地动怒。"因此，沟通中要注意不轻易发怒，不进行人身攻击，不推卸责任、嫁祸于人。在家中留意不要被电视占据你太多的时间，那会阻碍你与家人的互动，必须小心节制。

夫妻或亲子都应该常常单独约会。夫妻间有良好沟通，才会有愉悦的性爱，让彼此享受亲密满足。我常在夫妻营里让夫妻彼此按摩，而且要求被按摩的人一定要把自己的真实感受表达出来，怎样才能让你真正地感觉舒服。一定要给出"上一点、下一点或轻一点、重一点"这样具体的反馈。如果别人按摩令你难受，绝对是你自己的责任，是你自己没有及时反馈的缘故。可见沟通是多么重要！同样的技巧，也应当应用在夫妻的闺房之乐上。

当然在婚姻里面，还有一个能够维持家庭美满的重要因素，那就是幽默。幽默感能够让你的家人开心，让你的家庭充满欢乐的气氛。有一对结婚36年的夫妻，他们前35年都在吵架。吵架的时候，太太会骂先生笨，说他笨得像头猪。其实，这个先生是最高学府毕业的。但后来经过辅导之后，这位先生的情商提高了很多。有一次他的太太又骂他笨，若照他以前就会脱口而出："是啊！这么

笨才会娶到你。"但是这次太太再骂他："你连路都找不到，笨死
了。"先生就笑笑说："是啊！我什么都笨，但唯独最聪明的，就
是能娶到像你这么聪明的太太。"原本急转直下的形势立刻峰回路
转了。所以，用幽默感化解一些冲突是很重要的。我相信不管是第
一次结婚还是第二次结婚，我们每个人心中最深的渴望就是能拥有
幸福美满的家庭。

六、有创意地解决冲突——建立和谐的家

个人或家庭的每个阶段虽有危机（如：幼儿、子女青春期、中
年、夫妻分隔两地时……），但这危机其实也正是自己成长的机
会，它考验婚姻家庭是否坚韧。健康的婚姻要有备无患，预防问题
的产生并解决已产生的问题，努力寻求双赢或三赢的策略。健康的
夫妻关系不会因为问题而伤害彼此关系，也不会为了勉强维持关系
而对潜藏的问题视而不见。每对夫妇都会经过各种各样的磨难，希
望你我都能愈战愈勇，夫妻恩爱愈深，让婚姻真正成为享受而不是
忍受。

恩爱的夫妻双方看重关系，并且努力不断地解决问题，从而达
到双赢（如图20-1所示）。

看重关系

投降
（认输、压抑）

双赢

解决问题

冷战
（放弃、关系僵化）

热战
（关系恶化）

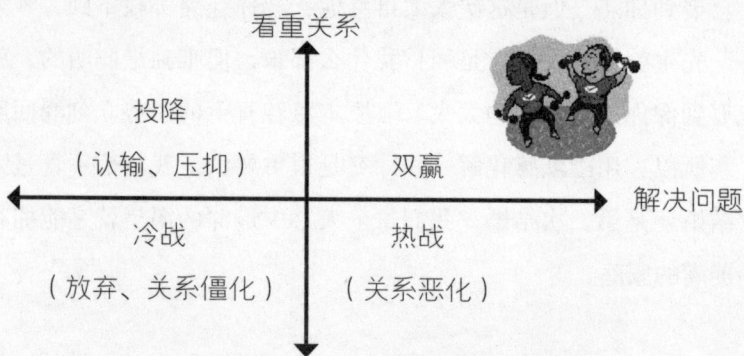

图20-1　恩爱夫妻：看重关系　解决问题

　　如果双方只顾解决问题而不看重关系，则容易变成吵架，关系容易恶化。看重关系但一直不解决问题，虽有一方不断的认输、投降，长期下去也可能会成为一种压抑，造成双方的疏离。最糟糕的是既不解决问题，又不看重关系，夫妻双方进入相敬如"冰"的状况，进而转变为冷战，婚姻只是忍受而已。

　　我希望能解决问题，今日事今日毕。我的先生跟大部分男人一样，就是不怎么讲话。我以前在处理婚姻问题方面缺少智慧。曾经有一次我半夜把他摇起来解决问题，因为我觉得婚姻有问题，睡不着觉，但是，他却还能呼呼大睡，我怎么可以让他安心睡觉，而我在这里难过呢？所以我就半夜叫醒他！但这实在是愚昧的举动，我不知道，虽然要解决问题，但是更要看重关系。现在我不会再犯同样的错误，通常是等到他吃饱了、开开心心的时候再跟他谈重要的问题。

七、相同的信仰，设立共同的目标
——建立同心的家

不离婚并不一定代表幸福，有的只是勉强维持。夫妻若有共同的信仰、价值体系，那么夫妻的关系会更加契合。"三股合成的绳子不容易折断。"（传4：12）共同的信仰能让家庭更稳固。据相关数据显示：有相同信仰的夫妻的离婚率只有1/1015，在离婚率这样高的时代，有相同信仰的家庭就是不一样！

家庭有共同目标，可以增强凝聚力。夫妻最好能培养共同的嗜好，如一起学跳舞或游山玩水，如果没有，至少也要尊重及欣赏对方的喜好，这样，夫妻才不会渐行渐远。总而言之，家庭问题预防胜于治疗。

谈**离婚**
单亲与再婚

柳暗花明

走过 **婚姻风暴**

所谓"金窝、银窝比不上自己的狗窝"，因为我们将"家"定义为可以放松自己、不需要"戴面具"的地方。但是，家不只是一个住处，还包括人。知道家中有人在等你回家，是种怎样的温暖与满足！我们要不断地学习，有智慧地经营婚姻与家庭，让我们的家庭能够和谐美满。我想每一个人都希望自己在家庭中是开心的，更何况一个温暖、健康的家庭本是人格完整和人格健康的养成所。所以为了下一代，我们也应该学习如何建立一个幸福美满的家庭。

当今社会对传统家庭的观念带来极大的冲击。中国也一直提倡要创建一个和谐社会，但我相信要创建和谐社会，就先要建造一个和谐的家庭，因为家是社会的最基本单元，家庭制度若崩溃，社会整体必瓦解。期望我们大家都看重家庭教育，培养健康健全的下一代。惟有家庭的和谐，才能带给社会国家真正的和谐，从反面讲，任何的成功，都弥补不了家庭破碎的痛苦！

参考文献

1. 黄维仁. 窗外依然有蓝天——婚变的解析与重建. 江西：江西人民出版社，2010.

2. 史凯若. 谱出第二章——如何重建离婚后的新生活. 台北：中国主日学协会，1989.

3. Jim Smoke. Growing through Divorce. US: Harvest House Publishers, 2007.

4. Jim Smoke. Moving Forward: Finding Hope and Peace in the Midst of Divorce, US: Hendrickson Publishers Marketing, LLC, 2000.

5. Wright, H. Norman. Experiencing Grief. US: Revell B&H Publishing Group, 2004.

6. Wright, H. Norman. Recovering from Losses in Life. US: Revell B&H Publishing Group, 2006.

7. Tripp, Paul David. Grief: Finding Hope Again. US: New Growth Press, 2005.

8. Archibald D. Hart. Helping Children Survive Divorce. US: Thomas Nelson Inc., 1997.